समरसता के भगीरथ

समरसता के भगीरथ

जगराम सिंह

GenNext Publication

समरसता के भगीरथ

IS ISBN: 978-93-5324-127-8

भारत सन् 2019 में प्रकाशित

जेन्नेकस्ट पब्लिकेशन

5, अंसारी रोड, दरियागंज,

नई दिल्ली-110002

Phone : 9811692060

ई-मेल: gennextpublication@hotmail.com

मुद्रित: गोयल ऑफसेट प्रिन्टर्स, दिल्ली

अनुक्रमणिका

आभार

यदि राष्ट्र को राम, कृष्ण, राणा, शिवा, चाणक्य, विवेकानन्द जैसे वीर तेजस्वी सपूत चाहिए तो समाज को सबल, सक्षम, समर्थ होना पड़ेगा। ऐसा समाज बिना समरस हुए असंभव है। यह एक–रस भाव ही समाज को समर्थ, सक्षम, सबल बनाने का महामंत्र है, बिना समरस हुए समाज कभी गौरवशाली, बलशाली, वैभवसम्पन्न, चारित्र्य सम्पन्न नहीं हो सकता। अतः समाज का समरस होना नितांत आवश्यक है।

यह समरस रूपी भाव मन की सम्पूर्ण गन्दगी को दूर कर, हृदय की निरा मलिनता को धोकर और विशुद्ध निर्मल मन–अंतःकरण की गहराई में जाकर अनुभूति करने की साधना करना ही समरस अनुष्ठान की फलश्रुति है। इसी से मानवता का बीजारोपण होगा जो सम्पूर्ण वसुधा को अपने आलिंगन में समेटने में सहायक बनेगा और देवत्व के भाव की प्राणप्रतिष्ठा करने का माध्यम बनकर, परछायीं सा मीत बनकर, साथ निभायेगा।

मन की, हृदय की, कलुषता ही सारे पापों की जड़ है। जिसके वशीभूत होकर घर–घर दानवता की होली जलती, नंगा नाच होता है। सजा संवरा आंगन, श्मसान में परिवर्तित हो जाता है। सम्पूर्ण सुख, क्षण में छिन जाता है, रह जाती है तो केवल एक भेद की अभेद्य भीति, जो नासिका सी उन्नत चट्टान बनकर दोनों नयनों के आँसुओं को मिलने में बाधक बन जाती है। खड़े कर देती है बाधाओं के अम्बार से पहाड़, टूट जाती है सारी अपने मिलने की चाह, भूल जाते हैं अपनेपन

की राह, रह जाते हैं निराशून्य के पथिक, भटक जाते हैं भूलभूलैया की आंख मिचौली में, परिणाम विनाश, स्वयं का, स्वत्व का, जाति का, समाज का, संस्कृति का, राष्ट्र का, धर्म का, अपनी आँखों के सामने देखते ढहता किला, पर किंकर्तव्य–विमूढ़ ठगा सा खड़ा रह जाता है।

इसी वीभत्स घड़ी के भय से मन, बुद्धि, आत्मा का लघु साहस बटोरकर एक कदम बढ़ाने का प्रयास बिना स्वजनों के, हितैषियों के, मित्रों के असंभव, इन्हीं सब के प्रत्यक्ष और अप्रत्यक्ष विश्वास, सहयोग, सहभाग की अंगुली पकड़कर, उफनती सरिता की धार को पारकर, सुदूर तट पर प्रतीक्षित स्वजनों के आँसू पोंछने, गले लगाने, हृदय में समाने, बाहों में भर लेने की अति–उत्कंठा लेकर, उद्यम, संयम, विवेक की लेखनी रूपी पतवार के सहारे पार होने का जो अभियान किया उसे अब तट पर उतारकर दोनों नयनों के आंसुओं के संगम का अनोखा दृश्य उत्पन्न कर सकने में "यह पुष्प" शीघ्र "भगीरथ" बन सके ऐसी श्रेष्ठ, गुणी, सुधीजनों से अनुमति की चाह में करबद्ध विनती है।

यह पुस्तक मेरे विगत वर्षों में प्राप्त अनुभवों पर अवलम्बित है इसको पूर्णरूप देने में जिन वरिष्ठजनों, सहयोगियों, मित्रों आदि ने जो अपना अप्रतिम तन, मन, धनपूर्वक सहयोग दिया है उनका मैं हृदय से, विनीत भाव से आभार व्यक्त करता हूँ और मैं राष्ट्रीय स्वयंसेवक संघ के उन अधिकारियों के प्रति भी अपनी कृतज्ञता ज्ञापित करता हूँ, जिनके विचारों से मेरा जीवन विकसित हुआ है। जिससे मैं भारतीय संस्कृति का युगानुरूप चित्रण कर सकने में समर्थ हो सका हूँ। इसके साथ ही प्रकाशन के महाप्रबन्धक ने इसे छापने योग्य समझकर अपने सहयोगियों के सहयोग से सुधी अध्येयताओं के सम्मुख प्रस्तुत करने का जो बीड़ा उठाया, उनका एवं उनके सहयोगियों का भी मैं हृदय की गहराईयों से आभार व्यक्त करता हूँ।

जगराम सिंह

अभिप्राय

11वीं सदी के बाद से ही भारत पर जो आतताइयों अर्थात् परकीयों ने आक्रमण किये और उन आक्रमणों से समाज में जो भेद एवं विसंगतियों ने जन्म लिया उसका परिष्कार करने के लिए जिन सामाजिक व्यक्तित्वों ने नेतृत्व संभाला और उसके विषय में विचार मंथन किया साथ ही सामाजिक पुनर्गठन में अग्रणी भूमिका निर्वहन की, जिनमें काशी में सक्रिय संत रैदास, कबीर, तुलसी आदि तथा दक्षिण में सामाजिक ताने–बाने को सुदृढ़ करते नारायण गुरू, रामनामी संप्रदाय के अधिष्ठाता गुरू घासीदास और भक्ति आंदोलन के प्रणेता स्वामी रामानन्द, 1857 की प्रथम स्वतंत्रता क्रांति को सामाजिक स्तर पर नेतृत्व देने वाले स्वामी विरजानंद, ओमानंद तथा सम्पूर्णानंद और मध्य भारत में किसानों को संगठित तथा आम व्यवस्था के प्रतिस्थापक स्वामी दयानन्द, भारतीय शिक्षा पद्धति का बीसवीं सदी में प्रतिमान स्थापित करने वाले उन्हीं के शिष्य स्वामी श्रद्धानंद, भारत में प्रतिवेदनात्मक आंदोलन के जनक कहे जाने वाले राजा राममोहन राय, विश्व धर्म सम्मेलन शिकागो में 1893 में भारत के वेदान्त को विश्व के सम्मुख आधुनिक परिप्रेक्ष्य में प्रस्तुत करने वाले स्वामी रामकृष्ण परमहंस के शिष्य स्वामी विवेकानंद, सामाजिक क्रांति और महिला शिक्षा के प्रतिपादक महात्मा ज्योतिबा फुले, सभी वर्गों के लोग आर्य ही हैं इस भाव के पोषक तथा आर्यों का मूल स्थान भारत ही है इस विचार के प्रतिपादक भारत के महान सपूत डॉ. भीमराव आम्बेडकर

और सबसे अंत में राष्ट्रीय स्वयंसेवक संघ के द्वितीय सरसंघचालक श्री माधव सदाशिव गोलवलकर ''श्री गुरूजी'' जिन्होंने ''हिन्दवः सोदराः सर्वे'' और ''न हिन्दू पतितो भवेत्'' के उद्‌घोष वाक्य को यथार्थ में अपने सामाजिक जीवन में जीवन्त किया।

इस पुस्तक में उन अलभ्य पुष्पों को समाज के सामने लाने का प्रयास किया गया है, जिन्होंने अपने जीवन का सर्वस्व सुख समाज के पुनर्गठन एवं उसके ताने–बाने को समरस, पुनर्व्यवस्थित करने में भेंट किया था। जिसके माध्यम से नव पीढ़ी भी हृदय से, मन से, वचन से, कर्म से उन सभी के प्रति अवश्य कृतज्ञ और श्रद्धावनत होगी। निश्चय ही यह पुस्तक जन–मानस के हृदय को पवित्र, सुगंधित एवं स्वस्थ करेगी।

इसी शुभाषीश के साथ...

स्वामी नवल किशोर दास
(रामायणी)
(महामंत्री दिल्ली संत समिति)

आमुख

भारतीय परम्परा सदैव से ही मानवमूल्यों को अपने आप में आत्मसात करती रही है। इस मानवीय करुणा तथा संवेदना की परिव्याप्ति मात्र एक वर्ग तक केन्द्रित न होकर अपितु समाज की अंतिम इकाई तक के लिए रही है। वस्तुतः सामाजिक ढांचा भी तभी सुदृढ़ होता है जब उस समय का जन–मानस अर्थात जन–जन का मानस सुदृढ़ एवं स्वस्थ होता है। जन–मानस का तात्पर्य समाज के उन सभी वर्गो से है जिनके लिए राष्ट्र की सुदृढ़ता (एकात्मता–अखंडता) ही उपास्य होती है।

प्राचीन काल से लेकर अद्यावधि तक कभी–कभी समाज विविध वर्गों में भी विभक्त रहता रहा है। परंतु राष्ट्र की प्रोन्नति में अपनी भूमिका का मान सदैव स्थापित करता रहा है। सम्पूर्ण वर्गों का समाज के रूप में समरस होना एकाएक नहीं हुआ है अपितु उसके निर्माण में अनेक संतों का लोक जीवन से घनिष्ठ संबंध इसका आधार रहा है।

जहाँ वैदिक ऋषियों – मुनियों की परम्परा ने लोक जीवन के तारों को एक सूत्र में सस्वर पिरोया है वहीं पूर्व मध्य–काल, मध्य–काल तथा आधुनिक काल मे भी विभिन्न वर्गो में जन्में श्रेष्ठ तपस्वी, संतों तथा समाज सुधारकों ने भी उस ईश्वरीय विधान को शिरोधार्य कर सस्वर पिरोने का प्रयत्न किया। जिनमें श्रेष्ठ संत रैदास, नारायण गुरू, गुरू घासीदारा, स्वामी रामानन्द, नानकदेव, स्वामी दयानन्द, स्वामी श्रद्धानंद, राजा राममोहन राय, स्वामी विवेकानंद, महात्मा ज्योतिबा,

महात्मा गांधी, बाबासाहब भीमराव आंबेडकर एवं द्वितीय सरसंघचालक श्री माधव सदाशिव गोलवलकर आदि के नाम प्रथम पंक्ति मे दिखाई देते हैं, जो भविष्य में समरसता के भगीरथ नाम से भी जग विख्यात हुये।

इन सभी ने अपना स्वयं का उदाहरण देकर और इस सनातन परम्परा को पूर्ण रूप से आत्मसात कर राष्ट्र के नये चिंतन और नये चित्र के रूप में समाज के सन्मुख चित्रित करने को ही अपने जीवन का ध्येय बनाया, और उसे अपने ध्येय पथ के सन्मुख रखकर आजीवन चलने का प्रयत्न किया। परिणाम स्वरूप राष्ट्र के कोने–कोने में सामाजिक सामरस्य की अलख जगाकर जनमानस के मनो–मालिन्य को दूर कर नये सवेरे का जन–जन को आभास कराने मे सर्वत्र सफलता पाई।

उपर्युक्त संदर्भ में सामाजिक समरसता के विविध कालों के भिन्न–भिन्न पहलुओं का अवलोकन कर श्री जगराम सिंह जी का यह "समरसता के भगीरथ" रूपी ग्रंथ प्रकाशित हो रहा है। निःसन्देह यह ग्रंथ इस परम्परा के अनछुए पहलुओं के उद्‌घाटन में समर्थ होगा, साथ हीं सुधी पाठकों, भावी पीढ़ियों तथा सामरस्य के पुरोधाओं के लिए उत्प्रेरक का कार्य करेगा अर्थात मील का पत्थर सा सिद्ध होगा। लेखक का यह प्रयास अत्यंत सराहनीय एवं आनंदायी है, जो कि भविष्य में स्वयं उनके लिए भी यशस्कर होगा।

इसी शुभेच्छा के साथ

जयप्रकाश गौतम

क्षेत्र संगठन मंत्री (उत्तर क्षेत्र)
संस्कृत भारती

प्रस्तावना

स्वामी रामकृष्ण परमहंस के बारे में एक कथा कही जाती है। रामकृष्ण परमहंस एक बार एक बागीचे में एक गाय को घूमते हुए देख रहे थे। गाय को देखते–देखते उन्हें यह आभास होने लगा कि वे स्वयं एक मैदान में परिवर्तित हो गए हैं और गाय उनके ऊपर ही विचरण कर रही है। आश्चर्य की बात यह है कि उनके इस भाव से उनके शरीर पर गाय के खुर के निशान पड़ गए थे। कुछ ऐसा ही संबंध मन और शरीर का होता है, विचार और व्यवहार का होता है। समरसता भी मन का वह भाव है जो आचरण में दिखता है। लेखक श्री जगराम सिंह जी ने इस समरसता को अपनी पुस्तक 'समरसता के भगीरथ' में बहुत ही अच्छी तरह से पिरोया है।

लेखक ने अपनी पुस्तक में कुल 13 अध्यायों में समरसता का समग्र दर्शन दिया है। इस पुस्तक में संत रैदास के बारे में बहुत ही रुचिकर जानकारी दी गई है। 'रैदास जनम के कारनै, होत न कोऊ नीच। नर कूं नीच करि डारि है, ओछे करम की कीच।।' मन के इस भाव को संत ने कैसे आचरण में ढाला? यह पुस्तक इसकी पृष्ठभूमि और संस्कृति पर प्रकाश डालती है। इसी तरह गुरू नानक जी के जीवन का मूलमंत्र भी समरसता रहा है। उन्होंने हर व्यक्ति को महान माना और उसकी जाति को उसके कर्म पर आधारित माना। अपनी इस अवधारणा को उन्होंने अपनी 10 शिक्षाओं से समझाया। लेखक की इस पुस्तक में इस शिक्षा पर भी उस युग की विवेचना करते हुए

प्रकाश डाला गया है। जो पाठकों में ज्ञान डालती है, विचार डालती है तो साथ में व्यवहार भी नियत करती है।

हमारी संत परंपराओं में कहा गया है कि जड़ हो या चेतन, दोनों में ही ईश्वर का वास होता है। यह सिर्फ एक विचार ही नहीं है, अपितु संतों ने इसका साक्षात्कार भी किया है। संत नामदेव से जुड़ी एक कथा याद आती है– एक बार वे भोजन कर रहे थे। तभी कहीं से अचानक एक कुत्ता आया। कुत्ता भूखा था और वह संत नामदेव के भोजन के लिए रखी रोटियां लेकर भागा। कथा यह है कि तब संत नामदेव घी की कटोरी लेकर उसके पीछे दौड़े। वह कुत्ते से अपनी रोटियां छीनना नहीं चाहते थे, बल्कि वह चाहते थे कि रोटियां रूखी हैं, उनमें घी लगा दूँ, फिर वह खाए। समरसता का यह सर्वोच्च उदाहरण है जो संत नामदेव के आचरण से परिलक्षित होता है।

हमारे यहां वर्ण व्यवस्था कर्मों पर आधारित थी, लेकिन विदेशी आक्रांताओं ने इस व्यवस्था को छिन्न भिन्न कर दिया और ये जाति आधारित हो गई। व्यक्ति खुद भी चतुर्वर्ण धारण करता है, जब वह ज्ञान की प्राप्ति करता है तो ब्राह्मण होता है, जब वह अपनी रक्षा करता है तब क्षत्रिय, अपने जीविकोपार्जन के लिए वह वैश्य होता है और शरीर की साफ सफाई के लिए वह शूद्र हो जाता है। किंतु वर्ण व्यवस्था छिन्न भिन्न होने का आज दूरगामी प्रभाव दिखता है। आज साधु संतों को भी जाति में बांटा जा रहा है, कोई संत रविदास को, तो कोई कबीरदास को और कोई भगवान वाल्मीकि को संकुचित दायरे में बांध रहा है। इतना ही नहीं, आज ईश्वर को भी बांटने की कोशिश की जा रही है, कुछ लोग स्वयं को भगवान परशुराम तक सीमित करते हैं तो भगवान श्री राम और भगवान श्री कृष्ण को भी जाति के आधार पर बांटा जा रहा है। सामाजिक समरसता के लिए की जा रही सतही कोशिशें भी मूल समस्या के निदान के बजाय ढकोसला ही दिखाई देती हैं। समरसता के लिए सामूहिक भोज, खास बस्तियों में

छोटे–मोटे कार्यक्रम अच्छे हैं, पर समस्या का पूर्ण समाधान नहीं हो सकते। जब तक समरसता का विचार मन से अंगीकार नहीं किया जाएगा एक बहुत बड़ी आबादी हमसे दूर रहेगी।

हमारी परंपरा में जड़ और चेतन, सब में ईश्वर का वास माना गया है, तभी तो शाम से सुबह तक पेड़–पौधों को भी हाथ लगाने से मना किया जाता है। रात्रि में जैसे मनुष्य विश्राम करता है, वैसे ही वनस्पतियों के लिए भी रात्रि का समय, विश्राम का समय माना गया है। हमारी सदियों पुरानी परंपरा में वनस्पतियों को भी सजीव माना गया है। वैद्य जब भी वनस्पतियों को इकट्ठा करते रहे हैं तो पहले उनसे क्षमा याचना के साथ प्रार्थना करते रहे हैं कि मानव समाज की भलाई के लिए वह उनका उपयोग करना चाहते हैं। अर्थात हम वनस्पतियों से भी एक सजीव की तरह संवाद करते रहे हैं। बाद में विज्ञान ने भी इसे सच साबित किया। वैज्ञानिक जगदीश चंद्र बसु ने अपने प्रयोग से बताया कि पेड़–पौधों को भी मनुष्यों की तरह ही दुख–दर्द होता है। यह प्रयोग भी भारतीय संस्कृति की उसी अवधारणा की पुष्टि करता है कि कण–कण में ईश्वर का वास होता है।

ईश्वर की खोज सदियों से होती रही है और आज भी यह जारी है। बेल्जियम के भौतिक विज्ञानी फ्रांस्वा इंगलर्ट और ब्रिटेन के पीटर हिग्स ने वर्ष 1960 में ब्रह्मांड में मूलभूत पदार्थ की संरचना को लेकर एक प्रक्रिया का सुझाव दिया था। इस प्रक्रिया में एक कण, हिग्स बोसोन होने का अनुमान लगाया गया था। वर्ष 2012 में जेनेवा के परमाणु अनुसंधान संगठन सर्न के वैज्ञानिकों ने इस कण को ढूढने में सफलता प्राप्त की। हिग्स बोसोन को गॉड पार्टिकल भी कहा जाता है और ईश्वर की अवधारणा इससे मजबूत होती है कि वह अति सूक्ष्म में है।

महात्मा गांधी के सिद्धांत में इसी हरि यानी ईश्वर को केंद्र में रखा गया है। उन्होंने छूआछूत का विरोध करते हुए वंचितों को हरिजन का

नाम दिया। इस पुस्तक के ग्यारहवें अध्याय में लेखक ने भी गांधी जी के उन सिद्धांतों का विस्तृत उल्लेख किया है। सामाजिक समरसता को गांधी जी ने अपने विमर्श का विषय बनाया। महात्मा गांधी ने कई मौकों पर राष्ट्रीय स्वयंसेवक संघ के बारे में अपने विचार व्यक्त किए और एक बार एक शिविर को भी संबोधित किया था। 25 दिसंबर 1934 को उन्होंने वर्धा में संघ के शिविर का मुआयना किया था और इस बात की प्रशंसा की थी कि संघ में अस्पृश्यता तो दूर, स्वयंसेवकों को एक दूसरे की जाति तक मालूम नहीं थी। इसके बाद गांधी जी ने सावरकर और परम पूजनीय श्री गुरूजी से लगातार संवाद बनाए रखा। इसी सूत्र ने उन्हें संघ को नए सिरे से समझने और देखने का मौका दिया। इस घटना के 13 वर्ष बाद 1947 में गांधी जी ने स्वयंसेवकों के एक और शिविर में जाने का फैसला किया। उस समय महात्मा गांधी दिल्ली की एक वाल्मीकि बस्ती में रह रहे थे और संयोग से स्वयंसेवकों का एक शिविर भी वहीं पर आयोजित किया जा रहा था। इस शिविर में गांधी जी पहुंचे और कड़ा अनुशासन, सादगी और छूआछूत की पूर्ण समाप्ति के लिए सारगर्भित संदेश दिए।

स्वामी विवेकानंद ने कहा था कि अगर छुआछूत अपराध नहीं है, तो इस जगत में कुछ भी करना अपराध नहीं है। यह पुस्तक हमें उसी समरसता की ओर जाने की प्रेरणा देती है, जिसे दीर्घावधि से छिन्न भिन्न (खण्डित) कर दिया गया है।

अभय महाजन

संगठन सचिव,

दीनदयाल शोध संस्थान

१

संत रैदास

चौदह सौ तैंतीस की माघ सुदी पंदरास।
दुखियों के कल्याण हित प्रकटे श्री रैदास।।

संत रैदास के जीवन काल का निर्णय करने के लिए हमें कोई अंत: साक्ष्य प्रमाण उपलब्ध नहीं होते, फिर भी बाहय साक्ष्य प्रमाणों के आधार पर संत रैदास कबीर के समकालीन स्वामी रामानंद के शिष्य

और मीरा बाई के गुरू थे ऐसी मान्यता है। अर्थात संत रैदास का जन्म संवत पंद्रह सौ के करीब दिन रविवार तिथि माघी पूर्णिमा माना जाता है। जन्मस्थान के संदर्भ में तो आज तक भ्रम है। फिर भी अधिक प्रमाण गुजरात और राजस्थान होने के मिलते हैं क्योंकि गुजरात और राजस्थान की ओर आपके अनुयायियों की संख्या अधिक है। भाषा की दृष्टि से भी रैदास की रचनाओं में उधर की ही भाषाओं के अधिक शब्द पाये जाते हैं। राजस्थान में तो श्री कुंभन श्यामजी का मन्दिर और संत रैदास की छतरी बनी हुई है और आज भी वहां प्रचलित है कि जहां पर रैदास का स्वर्गवास हुआ था वहीं पर यह छतरी बनी है। यहां तक की रैदास कुटी, रैदास कुंड भी राजस्थान में विद्यमान हैं। इन्हीं के कारण गुजरात या राजस्थान में जन्म होना अधिक प्रमाणित है। उनकी जाति और कुटुंब के लिए विभिन्न प्रमाणों से यह ज्ञात हुआ है कि संत रैदास का जन्म चर्मकार परिवार में हुआ था और स्वयं रैदास ने भी अपने अनेक पदों में ऐसी ही घोषणा की है। संत रैदास के माता–पिता के बारे में भविष्य पुराण में मानदास पिता और माता रैदास पुराण के अनुसार भगवती माना गया है। किन्तु रैदास रामायण के अनुसार पिता राहू और माता कर्मा माना गया है। राहू के पिता का नाम हरिनंद तथा माता का नाम चतरकौर माना गया है और (श्री रविदास भगवान का सत्य स्वभाव) के अनुसार रैदास के पिता का नाम सत्यांनद और माता का नाम संत कुमारी प्रमाणित है। किन्तु अखिल रविदास महासभा ने रैदास के पिता रग्छू और माता का नाम धुखनिया या कर्मा माना है। रैदास की पत्नी का नाम लौणा या लोना बताया गया है। लोना चमारों की चमक है या उपजाति में उत्पन्न हुई थी। संत रैदास का कोई पुत्र था या नहीं, इस विषय में कोई आधिकारिक प्रमाण नहीं मिलता है। कुछ विद्वानों का कहना है कि रैदास का एक विजय दास नाम का पुत्र भी था। संत रैदास की कोई विशेष शिक्षा दीक्षा नहीं हुई थी। उन्होंने भी स्वयं हरि की ही पाठशाला में पढ़ने का संकेत दिया है। कुछ लोगों के अनुसार

रैदास के दीक्षा गुरू स्वामी रामानंद जी थे परन्तु ऐसा कोई पुख्ता प्रमाण नहीं है।

कहा जाता है कि रैदास किसी भी पशु को मार कर जूता नहीं बनाते थे। वरन् मरे हुए जानवर का चमड़ा मोल लेकर तब उसका जूता बनाते थे और यह भी प्रसिद्ध है कि वे किसी भी साधु संत से कोई पैसा लिए बिना ही जूता पहना देते थे।

संत रैदास के सात्विक एवं सदाचार पूर्ण जीवन तथा भक्ति भावना को देखकर और रैदास की साधना से प्रभावित होकर चित्तौड़ की झाली रानी उनकी शिष्या बन गयीं। इतने भर से स्पष्ट होता है कि अपने परिवर्ती जीवन में रैदास अपने भक्तों के द्वारा पर्याप्त सम्मानित हुए थे। उन्होंने विभिन्न क्षेत्रों की यात्रायें भी की थी। तब स्थान–स्थान पर उनके सम्मान में अनेक आश्रम, कुटियां, ताल, कुएं आदि बनवाये गये थे।

रैदास वह प्रथम संत थे जिन्होंने इस नवीन युग के अनुरुप ग्राह्य विचारधारा को सर्वस्वीकृत रुप में प्रस्तुत किया। यह काल भारत के लिए धर्मप्रवण काल था। उस काल में सामाजिक पुनर्गठन या सुधार का कार्य धर्म की ही भाषा में सर्वश्रेष्ठ रुप में हो सकता था, ऐसा उस काल के सभी समाज सुधारकों या महापुरुषों, जिनको समाज ने भरपूर सम्मान दिया आदि ने विचार कर प्रयास किया। अतः उस काल में राजदर्शी नहीं धर्मप्रवण ही महापुरुष हुए हैं। अतः रैदास ने भी समाज सुधार का कार्य धर्म का आधार लेकर ही प्रारंभ किया। इसका तात्पर्य यह कदापि नहीं है कि रैदास मूलतः धार्मिक पुरुष या भक्त नहीं थे, वरन वास्तविकता तो यह थी कि मध्य– काल में सामाजिक ढांचा ही धर्म की नीति पर खड़ा था। अतः कोई भी सामाजिक विचार धर्म से स्वतंत्र नहीं चल सकता था। उसमें कुछ सुधार करना हो तो पहले धार्मिक ढांचे में परिवर्तन की आवश्यकता थी। धर्म में परिवर्तन की बात पहले थी और समाज की बाद में। उस समय का चिंतन धर्म की ही

भाषा जानता था, अतः रैदास ने तत्कालीन युग में परंपरा से चले आ रहे सामाजिक अन्याय के परिणास्वरुप तत्कालीन परिस्थितियों में ध्वस्त हो रहे भारतीय समाज के सामने सामाजिक समता तथा धर्म और भक्ति के क्षेत्र में प्रत्येक व्यक्ति के समान अधिकार की बात कहकर नवयुग की सबसे बड़ी आवश्यकता का उद्घोष किया। ईश्वर और भक्ति के दरबार में मूलतः प्राणी मात्र की समता की प्रतिष्ठा के सामने समाज का घृणा पर आधारित सिद्धांत कितने दिन चल सकता था, इसी सिद्धांत की प्रतिष्ठा के लिए परंपरा, पराम्परागत धर्म, रुढ़ियां और वह मूर्ति जो सब के लिए पूज्य नहीं थी, रैदास के विरोध का पात्र बनी। जन्मजात उच्चता और मूर्ति की आस्था तो उस युग में अपना बहुत बड़ा उपहास देख चुकी थी। अतएव रैदास की युगानुरुप बात समाज को शीघ्र ग्राहय हुई।

धार्मिक क्षेत्र की संकीर्णतायें तथा परस्पर विभेद भी अब इस नये युग में संघर्ष के विरुद्ध खड़े नहीं रह सकते थे। प्रत्येक सम्प्रदाय तथा उसका उपसम्प्रदाय अपनी स्पर्धात्मक श्रेष्ठता सिद्ध करने के लिए अपने दैवी रूप एवं कर्मकांड की अति में उलझता चला जा रहा था। रैदास ने उनमें से किसी का भी विरोध न करके उनमें से सबकी अन्तर्रात्मा को लेकर जो एक–दूसरे से बहुत अधिक भिन्न नहीं होती, एक समन्वित विचारधारा दी, जिसमें जहां एक ओर साधन के सभी बाह्य जटिल रुपों की आलोचना की गयी थी, तो वहीं धर्म के मूल स्वरुप को पहचानने की चेष्टा भी की गयी थी इसलिये वह सरल पद्धति तत्कालीन जनमानस की बहुस्वीकृत पद्धति बन गई।

इसी प्रकार तत्कालीन समाज में चले आ रहे हिन्दू–मुस्लिम सांस्कृतिक संघर्ष को भी रैदास अच्छी दृष्टि से नहीं देखते थे। उन्होंने उन दोनों ही धर्मों को उनके ईष्ट में एक मूलभूत समता मानकर पारस्परिक सौहार्द का संदेश दिया और स्पष्ट कहा। यथाः–

कृष्ण, करीम, राम, हरि, राघव, जब लगि एक न पेखा।
वेद कतेब कुरान, पुरानन, सहज एक नहीं देखा।।

रैदास ने ऊंच नीच की भावना तथा ईश्वर भक्ति के नाम पर किये जाने वाले विवाद को सारहीन तथा निरर्थक बताया और सबको परस्पर मिलजुलकर प्रेमपूर्वक रहने का उपदेश दिया।

इस प्रकार रैदास ने तत्कालीन समाज की परिस्थितियों को आत्मसात किया। उनको समझा और अपनी वाणी में उन समस्याओं का एक व्यवहारिक समाधान उस काल के सर्वश्रेष्ठ साधन धर्म के द्वारा दिया। वे एक आदर्श भक्त और विचार के साथ–साथ तत्कालीन समाज के एक बहुत बड़े सुधारक भी थे जिनकी वाणी ने समाज को तत्कालीन युग में समाधान पूर्ण विचारधारा दी थी।

संतकुल भूषण कवि संत शिरोमणि रैदास उन महान संतों में अग्रणी थे जिन्होंने अपनी रचनाओं के माध्यम से समाज में व्याप्त बुराइयों को दूर करने में महत्वपूर्ण योगदान किया।

रैदास जनम के कारनै, होत न कोऊ नीच।
नर कूं नीच करि डारि है, ओछे करम की कीच।।

जाति जाति में जाति है, जो केतन के पात।
रैदास मनुष न जुड़ सके, जब तक जाति न जात।।

जो देखे घिन ऊपजे, नरक कुंड में वास
प्रेम भगति सौ ऊधरै, प्रगटत जन रैदास।।

ब्राह्मण मत पूजिए जो होवे गुणहीन।
पूजिए चरण चंडाल के जो होवे गुण प्रवीन।।

ऐसे महान संत, विचारक, समाजसुधारक संत रैदास, जन जन की उन्नति के लिए मान और अपमान की चिंता न करते हुए दीपक की बाती की भांति तिल–तिल जलकर लगभग संवत १५९७ पंद्रह सौ सन्तानवे में इहलीला समाप्त कर और सम्पूर्ण समाज को रोता–बिलखता छोड़कर ब्रह्मलीन हो गए। समाज उनके द्वारा किये कार्यों का युगों–युगों तक ऋणी रहेगा।

२

स्वामी नारायण गुरू

स्वामी नारायण गुरू का जन्म २० अगस्त, १८५६ ई० में त्रिबांकुर (त्रावनकोर) रियासत की राजधानी त्रिवेंद्रम से १२ मील दूर चेम्बाजनती

नामक छोटे से कस्बे में ऐजवा नामक असवर्ण, अस्पृश्य जाति में हुआ था। उस समय ऐसा माना जाता था कि कोई भी सवर्ण ऐजवा से ३२ फीट की दूरी से सम्पर्क में आने पर भी अशुद्ध हो जाता था। ऐसी हालत देखकर ही स्वामी विवेकानंद ने एक बार केरल को भारत के पागलखाने की संज्ञा दे डाली थी।

उनके पिता का नाम मदन और माता का नाम कुट्‌टी था। पिता व्यवसाय से अध्यापक व वैद्य थे। नारायण गुरू महाकवि कुमार अश्न (चेम्बा जनती मुता पिल्लै) के शिष्य थे जो जाने–माने सवर्ण थे। वह उन्हें प्यार से नानू कहते थे। श्री नारायण गुरू के जन्मस्थान पर ही इस बात के प्रमाण मिलते हैं कि नायर और ऐजवा इस दूरी संबंधी भेद को बनाये रखते हुए भी एक–दूसरे के साथ मिल–जुलकर कामकाज करते थे। ऐजवा जनसंख्या में अधिक, कृषि प्रधान एवं व्यवसाय से ताड़ी निकालने वाले थे। ये बुरे समय में भी गांव के मुखिया का पूरा साथ देते थे। इस निकटता का एक दूसरा उदाहरण भगवती का वह मन्दिर है जो नारायण गुरू के जन्म स्थान से कुछ ही दूरी पर है और जहां नायर और ऐजवा दोनों मिलकर उत्सव मनाते थे। इस तीर्थ मन्दिर के दोनों ही तरफ बने दो चबूतरे इस बात के प्रमाण हैं कि इन पर एक ओर ऐजवा और दूसरी ओर नायर बैठकर धार्मिक अनुष्ठान किया करते थे।

नारायण गुरू भारत के महान संत एवं समाज सुधारक थे। कन्याकुमारी जिले में मास्तवन पहाड़ों की एक गुफा में उन्होंने तपस्या की थी। गौतम बुद्ध को गया में पीपल के पेड़ के नीचे बोधि की प्राप्ति हुई थी और नारायण गुरू को उस परम की प्राप्ति गुफा में हुई। उस परम तत्व को पाने के बाद नारायण गुरू अरुविधुरम आ गए थे। उस समय वहां घना जंगल था। वह कुछ दिनों वही एकांतवास में रहे। एक दिन एक गड़ेरिये ने उनको देखा। उसी ने बाद में लोगों को नारायण गुरू के बारे में बताया और वही उनका पहला शिष्य भी बना। धीरे–धीरे नारायण गुरू सिद्ध पुरुष के रूप में प्रसिद्ध होने लगे। लोग

उनसे आशीर्वाद के लिए आने लगे। नारायण गुरू एक ऐसा मंदिर बनाना चाहते थे जिसमें किसी किस्म का कोई भेदभाव न हो, न धर्म का, न जाति का और न ही आदमी और औरत का। जहाँ किसी जाति भेद के बिना कोई भी पूजा कर सकता था। नारायण गुरू ने कहा कि सभी मनुष्यों के लिए एक ही जाति, एक धर्म और एक ईश्वर होना चाहिए।

वे केरल को ऐसा आदर्श बनाना चाहते थे, जिससे सारा विश्व उस परम सत्य में ही प्रकट हो। उनका संदेश था– एक जाति, एक धर्म, एक भगवान। इसी को ध्यान में रखकर नारायण गुरू ने विश्वासों में क्रांतिकारी परिवर्तन लाने का अभियान शुरू किया। उस समय केरल में उनकी सहायता के रुप में अनेक अन्य उपादानों ने भी उनका मार्ग प्रशस्त किया। उन्होंने परिवर्तन के जो बीज बोये थे, वे न तो पत्थरों पर और न ही रेत में और न ही कांटो में बोये थे बल्कि वह तो एक उपजाऊ भूमि थी। स्वामी जी ने प्रथम चरण के रुप में लोगों के समक्ष आर्य देवता की संकल्पना रखी। फिर क्रमशः उन्हें मन्दिरों की उस श्रृंखला के माध्यम से उत्तरोत्तर ऊपर लेते चले गये जहां इन प्रतीकों ने जनमानस में सार्थक रूप धारण कर लिया।

शिक्षित हो जाओ ताकि तुम्हें स्वतंत्रता मिल सके, अपने आप को संगठित करो ताकि तुम शक्तिशाली हो सको, परिश्रम करो ताकि तुम्हारी स्थिति सुधर सके यह सरल व सुस्पष्ट संदेश है, उन श्री नारायण गुरू का, जिन्होंने केरल की अछूत जाति में पैदा होकर न केवल अपने आपको उच्चतम आध्यात्मिक उपलब्धियों से विभूषित किया बल्कि सम्पूर्ण केरल में सामाजिक समरसता की ऐसी सुरसरि धारा भी बहाई जिससे केरल एक पागलखाने के बदनाम विशेषण से मुक्त होकर नव जागरण का केन्द्र बन गया। उनका कार्यक्षेत्र यद्यपि केरल व उसके आस–पास ही रहा किन्तु उनका संदेश सम्पूर्ण मानवता का आलिंगन करता है। हिन्दुत्व की अतीत गहराइयों में

निमग्न होकर भी उनकी दृष्टि भविष्य के प्रगत व उन्नत शिखरों को स्पर्श करती है।

यद्यपि उन्होंने निम्न वर्ग और उपेक्षित समाज के ही उत्थान हेतु कार्य किया किन्तु समाज के अन्य अंगों के प्रति तनिक भी कटुता उत्पन्न नहीं होने दी। यह विलक्षण कार्य उन्होंने ऐसे समय किया जब विभिन्न समाज सुधारक परस्पर विद्वेष वाले आन्दोलन चला रहे थे। इस क्रांति में उन्हें खून की एक बूंद भी बहाये बिना सफलता मिली।

आद्य शंकराचार्य के दर्शन से प्रभावित तथा सच्चे अर्थों में धर्मवेत्ता एवं कर्मयोगी नारायण गुरू ने अपनी आडंबर–रहित आध्यात्मिक रचनाओं एवं मन्दिरों के निर्माण द्वारा सामाजिक कथाओं में अति सहज व स्निग्ध सुधार किया। उन्होंने उन लोगों के खिलाफ कुछ भी नहीं कहा जिन्होंने अपने निहित स्वार्थों के लिए बहुत समय से आम जनता के अधिकार हथिया रखे थे।

उन्होंने अपने अनुयायियों को समझाया कि अन्य मतावलम्बियों की भावनाओं को ठेस न पहुंचायें और न ही किसी की निंदा करें। इसका परिणाम यह हुआ कि उच्च जाति के मुक्त विचारक नेताओं ने भी उनका आदर किया और पद दलित वर्ग के इस उत्थान में उनका पूर्ण साथ दिया और एतदर्थ जेल भी गये। एक बार ऐसे हजारों लोग सौ मील पैदल चलकर शिवांपूर के महाराजा के पास भी गये और अछूतों को मन्दिर में प्रवेश देने की मांग की। नारायण गुरू के बहुत से अनुयायी व संन्यासी ब्राह्मण व उच्च वर्ग से आये थे।

श्री नारायण गुरू जी सामाजिक बुराई रुपी नासूर फोड़े की चीरफाड़ अपनी व्यंग्य वाणी से ही कर देते थे। स्वामी जी ने न तो देवी–देवाताओं के विरुद्ध कुछ कहा और न ही उन दन्तकथाओं की आलोचना की जो उनकी पूजा का आधार थीं। उन्होंने पूजा के तौर–तरीकों के खिलाफ आवाज उठाई और आगे चलकर सम्पूर्ण जनता ने अपनी जीवन–नौका स्वामी जी के ही हाथों सौंप दी।

स्वामी जी ने अपने विचारों को जैसा ठोस रुप दिया वैसा किसी दूसरे संत ने नहीं। श्री नारायण गुरू ने धार्मिक सहिष्णुता का उपदेश कभी भी नहीं दिया क्योंकि वे सहिष्णुता को बहुत अच्छा नहीं मानते थे। उनका कहना था कि हम जिन विचारों, प्रथाओं को स्वीकार नहीं करते उन्हें सहन कर जाते हैं।

श्री नारायण गुरू ने यह आदेश कभी नहीं दिया कि गृहस्थ को सब कुछ छोड़कर ईश्वर के साथ अलौकिक तादात्म्य स्थापित करना चाहिए। स्वामी जी ने समय–समय पर विभिन्न स्थितियों की आवश्यकतानुसार जो सुधार सुझाये थे, उनको उन्होंने १९१२ में सूत्रबद्ध किया। यथाः समयानुसार शिक्षा प्रगति का मूलाधार है।

स्वामी जी का कहना था कि धार्मिक प्रथाओं, सामाजिक रिवाजों और अनुष्ठानों के अपने प्रतीकात्मक अर्थ होते हैं। अतः इनकी उपेक्षा नहीं करनी चाहिए। किन्तु वे अनुष्ठानों के स्तर को धन व निरर्थक रिवाजों के आधार पर आंकने के विरोधी थे और उच्च सामाजिक संकट के संदर्भ में ही उन्होंने कहा था कि हमें जाति–रहित समाज का निर्माण करना है। इसके लिए कौन काम करेगा? इसी विचार को लेकर श्री नारायण गुरू ने धर्म समाज की स्थापना की जिसने अपने अलौकिक प्रयासों से समाज में समरसता का शंखनाद कर सम्पूर्ण समाज एक है, ऐसा बोध कराया।

स्वामी नारायण गुरू ने अपना सम्पूर्ण जीवन समाज सुधार व उन्नति के कार्य में लगा दिया। यही उनकी साधना एवं तपस्या थी। ऐसे कर्मयोगी की जीवन लीला अविरल कर्मक्षेत्र में ही रहते हुए २० सितंबर साय ५ बजे ७२ वर्ष की आयु में सन् १९२८ में समाप्त हो गयी और एक दैदीप्यमान युग का अंत हो गया।

श्री स्वामी जी के दिव्य जीवन के प्रतिरुप को प्रस्तुत करने का प्रयास, जैसे ओस की एक बूंद आकाश की विशालता को मापने का करती हो, ऐसी ही भेंट है।

३

गुरू घासीदास

गुरू घासी दास जी का जन्म १८ दिसंबर १७५६ में रायपुर जिले की बलौदा बाजार तहसील के गिरौद ग्राम में हुआ था। छाता नामक पहाड़ी की तलहटी में स्थित होने के कारण इस ग्राम का पूर्व नाम गिरिपाद था। यही कालांतर में गिरौद कहलाने लगा। घासी दास के माता–पिता बहुत ही गरीब थे। गरीबी इतनी अधिक थी कि वे बच्चों को भरपेट भोजन भी नहीं दे पाते थे। पिता माहंगू और माता अगरौतिन दोनों ही मजदूरी करते थे। दिनभर की मेहनत के बाद भी उन्हें चावल

का पसिया (मांड) भी नहीं मिल पाता था। कई बार तो पूरे परिवार को भूखे ही सो जाना पड़ता था।

घोर गरीबी के कारण घासीदास को भी सब्जी बेचने वाले एक मरार गौटिया (जंमीदार) के यहां नौकरी करनी पड़ी। उस जमींदार का नाम गोपाल या गोपीचन्द्र था। घासी दास एक भूमिहीन मजदूर थे। उन दिनों समाज में छुआछूत का रोग बड़ी बुरी तरह से फैला था। उन्हें उच्च जाति के कुओं से पानी भरना मना था। नदी–नालों का गंदा पानी पीकर प्यास बुझानी पड़ती थी। हाड़तोड़ मेहनत के बाद भी मालिक पूरी मजदूरी नहीं देते थे। रहने को अपना मकान तक नहीं था।

इनके समाज में घोर गरीबी तो थी ही, इसके अतिरिक्त शिक्षा प्राप्त करने का अधिकार तक न था। गरीबी और अशिक्षा के कारण सतनामी जाति जो कभी पंजाब में वीर एवं पराक्रमी समझी जाती थी अब दलित एवं हीन दशा को प्राप्त हो गयी थी। घासी दास का बालक मन इस दीन–हीन दशा को देखकर बड़ा ही चिंतित रहने लगा। उनके मन में तरह–तरह के प्रश्न उठने लगे। इसी बीच परिवार वालों ने उनका विवाह सिरपुर की कन्या सफुरा से कर दिया।

इस प्रकार अपने समय की सामाजिक दुरावस्था, दलितों के शोषण एवं उन पर होने वाले अत्याचारों को देखते हुए घासीदास ने बाल्यावस्था से किशोरवस्था तथा किशोरावस्था से युवावस्था में प्रवेश किया।

गुरू घासीदास सामाजिक समरसता के प्रबल पक्षधर थे। उनका कहना था कि परमेश्वर ने सभी मनुष्यों को एक सा बनाया है। सभी परम पिता की संतान हैं। इसलिए ऊंच–नीच, जाति और छुआछूत का व्यवहार, अवैज्ञानिक तथा अधार्मिक है। उनके विचार में जात–पात का भेद स्वार्थी तत्वों ने अपने स्वार्थ की पूर्ति के लिए बनाया है। जात–पात सामंतवादी व्यवस्था की उपज है।

गुरू जी का सदा ही कहना रहता था कि भूखा समाज समानता के सिद्धांत का पालन नहीं कर सकता। जहां कुछ भूस्वामी और अधिकांश लोग भूमिहीन होंगे तो वहाँ दास प्रथा स्वयं ही प्रारंभ हो जाएगी। इस कारण उन्होंने आर्थिक समानता पर अधिक बल दिया। उनके विचार में आर्थिक समानता प्राप्त करने का एक ही मार्ग था कि गरीब और शिक्षित लोग अपना आर्थिक स्तर सुधारने का प्रयास करें। इस संत के समानता के सिद्धांत पर बल देने के कारण ही तो लासी महासंगम में अनेक जातियों के लोग जात–पात के बंधनों को तोड़कर सतनाम पंथ में दीक्षित हो गये थे।

आर्थिक समानता के सिद्धांत को व्यवहारिक रूप देने हेतु उन्होंने अपने अनुयायियों को विद्रोह के लिए प्रेरित किया। १८वी शताब्दी के इन आखिरी दशकों में हिन्दू समाज की रुढ़िवादिता तथा सामाजिक दुरावस्था के कारण अधिकांश व्यक्ति या तो ईसाई हो रहे थे या फिर इस्लाम को अपना रहे थे। घासी दास स्वयं अपने भाइयों के ईसाई हो जाने के कारण अत्यंत दुखी थे इसलिए उन्होंने मानवता की नई व्याख्या करके धर्मान्तरण की इस हानिकारक प्रक्रिया पर अंकुश लगाया। इस प्रकार इस महान सुधारक ने छत्तीसगढ़ में समाज सुधार का यह महान कार्य सम्पन्न किया।

संत घासी दास के अभ्युदय के पूर्व समाज में अंत्यजों की स्थिति दास के समान थी। गुरू ने हीनता की स्थिति से मुक्त करने के लिए अपने अनुयायियों को विद्रोह एवं संघर्ष हेतु प्रेरित किया। इन्होंने सबसे पहले यह नारा दिया कि भूमि उसी की है जो उसे जोते। अतः उन्होंने भूस्वामियों को लगान देना बंद कर दिया। दरअसल यह भूमिहीन कृषकों का सामंती साम्राज्य के प्रति विद्रोह था। ये हिन्दू समाज के प्रमुख अंग थे पर सामाजिक दुरावस्था ने इन्हें पंगु और असमर्थ बना दिया था।

सामाजिक चेतना का जागरण करने वाले इस महान क्रांतिकारी ने वर्ण व्यवस्था को अस्वीकार करते हुए अपने अनुयायियों को ब्राह्मणत्व और ब्राह्मणों के सारे प्रतीकों को स्वीकार करने का आदेश दिया जैसेः– यज्ञोपवीत, चंदन, सूर्योपासना आदि।

अपने आचरण को ब्राह्मणत्व के स्तर तक पहुंचाने के लिए इन्होंने सात्विक जीवन अपनाया अर्थात सामाजिक हीनता की भावना को दूर करने के लिए इन प्रयासों के कारण इनको अनेक कष्ट भी झेलने पड़े।

एक दुखद तथ्य यह है कि तत्कालीन सवर्ण सुधारक सतनामी विद्रोह को हिन्दू समाज के पुनरुत्थानवादी जागरण के रुप में नहीं देख पाया। इसका परिणाम यह हुआ कि समाज में तत्कालीन अदूरदर्शी नेतृत्व ने इन्हें अहिंदू की संज्ञा देकर परोक्ष रूप से धर्मान्तरण के लिए प्रेरित किया। जिसके कारण हजारों सतनामी ईसाई हो गये।

सतनामी विद्रोह वस्तुतः हिन्दू जागरण की एक अभूतपूर्व चेष्टा है जिसकी तुलना नानक, कबीर, रैदास, रामानंद आदि के सामाजिक जागरण के आंदोलन से की जा सकती है जिन्होंने सामाजिक समरसता की भावना स्थापित करने के लिए ही उद्घोष किया था।

अठारहवीं शताब्दी में भारतीय नारी की स्थिति अत्यंत दयनीय एवं शोचनीय थी। विशेषकर छत्तीसगढ़ में नारी के साथ ढोर–गंवार की तरह ही व्यवहार किया जाता था अर्थात महिलाओं का शोषण इतना भयानक और भयावह था कि वह भगवान से प्रार्थना करती थीं कि अगले जन्म में उसे स्त्री योनि कभी न प्राप्त हो।

एक और बुराई जो तत्कालीन समाज में प्रचलित थी, वह थी अभिचार अर्थात जादू टोने पर अंध श्रद्धा का होना। इसके लिए भी महिलाओं को दोषी माना जाता था। अधिकतर सुंदर विधवाओं तथा निराश्रित महिलाओं को टोनही कहकर समाज से बहिष्कृत किया जाता था। कभी–कभी तो इन्हें बोरे में बंदकर पानी में डुबो दिया जाता

था, जिंदा जलाकर मार डाला जाता था और उन पर नृशंस अत्याचार किये जाते थे।

गुरू घासी दास ने नारी शोषण का विरोध किया और समाज में नारी की महिमा की पुनर्स्थापना की और स्त्री को माता मानने का आदेश अपने अनुयायियों को दिया। यह विचारणीय बात है कि यदि गुरू घासी दास का उद्देश्य हिन्दुत्व का विरोध करना होता तो वे ब्राह्मण चेतना फैलाने वाले हिन्दुत्व के प्रमुख प्रतीकों और मानदण्डों को स्वीकार ही क्यों करते? अपने अन्य भाईयों की तरह ईसाइयत को स्वीकार कर वे भी सम्मानजनक एवं समृद्ध जीवन व्यतीत कर सकते थे।

गुरू घासीदास महावीर स्वामी एवं महात्मा बुद्ध की परंपरा में उत्पन्न समाज सुधारक थे। उन्होंने सामाजिक समरसता के सिद्धांत को स्वीकार किया था। अपने शोषित समाज की दुरावस्था से वे अत्यंत दुखी थे इसलिए उन्होंने अपने समाज को संघबद्ध किया। उन्होंने स्त्रियों को पुरुषों के समान अधिकार प्रदान करवाये और उन्हें शोषण मुक्त किया, बहुविवाह का खंडन किया, विधवा विवाह को प्रथा के रूप में मान्यता दी। उनके द्वारा की गई धर्म की व्याख्या सनातन है।

उन्होंने सात शिक्षाओं पर जोर दिया:

१. सतनाम पर विश्वास रखना।

२. जीव हत्या नहीं करना।

३. मांसाहार नहीं करना।

४. चोरी, जुआ से दूर रहना।

५. नशा सेवन नहीं करना।

६. जाति पांति के प्रपंच में नहीं पडना

७. व्यभिचार नहीं करना।

उन्होंने अपने समय की सामाजिक–आर्थिक विषमता, शोषण तथा जातिभेद को समाप्त करके 'मानव–मानव एक समान' का संदेश दिया।

यह कहा जा सकता है कि सतनामी पंथ का अभ्युदय हिन्दू समाज और भारतीय संस्कृति के नव जागरण की एक अलौकिक घटना है। दीन–हीन शोषित भूमिहीन वर्गो में आध्यात्मिक चेतना का प्रचार–प्रसार कर उनमें सद् संस्कारों और जीवन मूल्यों का जागरण कर उन्हें राष्ट्र की मुख्यधारा में जोड़ने का उनका यह प्रयास १८वीं एवं १९वीं शताब्दी की एक महत्वपूर्ण घटना मानी जायेगी।

इसका सारा श्रेय स्वप्नदर्शी तथा सामाजिक एवं धार्मिक चेतना के प्रखर प्रहरी गुरू घासी दास को है। इनको छत्तीसगढ़ का बुद्ध कहा जाये तो अतिशयोक्ति नहीं होगी। जनश्रुति के आधार पर २० फरवरी १८५० को गुरू घासी दास ने महानिर्वाण प्राप्त किया था। उनके महान कार्यों की फल श्रुति से हिन्दू समाज चिरकाल तक ऋणी रहेगा।

४

स्वामी रामानंद

चौदहवीं शताब्दी की विक्रमी में प्रयाग में पुण्य सदन शर्मा नाम के एक कान्य कुब्ज ब्राह्मण गृहस्थ रहते थे। इनकी धर्मपत्नी श्रीमती सुशीला देवी ने संवत १३५६, (ई० १२९९) में एक बालक को जन्म दिया। यही बालक आगे चलकर उत्तर भारत में भक्ति की गंगा बहाने वाले स्वामी रामानंद के नाम से प्रसिद्ध हुआ।

उत्तर भारत में भक्ति के प्रचार हेतु जैसा अनुपम और कल्याणकारी कार्य स्वामी रामानंद जी ने किया वैसा ही अविस्मरणीय कार्य उन्होंने सामाजिक एकता एवं समरसता के लिए किया। प्राचीन काल में हमारे देश में जन्म के आधार पर किसी को अछूत या नीच नहीं माना जाता था परन्तु बीच के काल में समाज में यह दोष आ गया। कुछ जातियों को अछूत समझा जाने लगा। इनमें जन्म लेने वालों को पूजा अर्चना के लिए मन्दिर में प्रवेश करने में कठिनाई होने लगी।

स्वामी जी ने इस प्रथा या रीति को धर्म विरुद्ध घोषित किया। उन्होंने देखा कि इस छुआछूत या ऊंच–नीच के विचार से सामाजिक संगठन को भारी हानि हो रही है, यह हमारे धर्म ग्रंथों के आदेश के बिलकुल विपरीत है। अतः उन्होंने स्पष्ट शब्दों में कहा कि ईश्वर की उपासना करने का सबको समान अधिकार है। उपासना और भक्ति के मामले में कोई भी अछूत नहीं है।

स्वामी जी ने छुआछूत को दूर करने तथा सामाजिक समरसता लाने के लिए केवल प्रवचन ही नहीं दिया बल्कि अपना अनुकरणीय उदाहरण भी प्रस्तुत किया। उन्होंने सभी जातियों के लोगों को बिना किसी भेदभाव के अपना शिष्य बनाया। उनके प्रमुख शिष्यों में कबीर थे जिनका लालन पालन एक मुस्लिम जुलाहे ने किया था। चमार जाति में उत्पन्न रैदास को उन्होंने शिष्य बनाया। सेन, जो नाई जाति के थे, स्वामी जी के शिष्य थे, धन्ना जो जाट थे उनके प्रमुख शिष्यों मे से एक थे।

अंततः स्वामी जी को मध्यकालीन भक्ति आन्दोलन का महान संत माना जाता है। उन्होंने रामभक्ति की धारा को समाज के निचले तबके तक पहुंचाया। वे पहले ऐसे आचार्य हुए जिन्होंने उत्तर भारत में भक्ति का प्रचार किया। कहावत है कि "भक्ति द्रविड उपजी–लायों रामानंद। उन्होंने तत्कालीन समाज में व्याप्त कुरीतियों जैसे छुआछूत, ऊँच–नीच

और जाति–पाति का विरोध किया और रामभक्ति का द्वार सबके लिए सुलभ कर दिया।

जाति–पाति पूछे ना कोई
हरि को भजै सो हरि का होई।।

उन्होंने बिखरते और नीचे गिरते समाज को मजबूत बनाने की भावना से भक्ति मार्ग में जाति–पाति के भेद को व्यर्थ बताया और कहा कि भगवान की शरणागति का मार्ग सबके लिए समान रूप से खुला है। "सर्वप्रपत्तिधर–कारिणो मताः" कहकर उन्होंने किसी भी जाति–वर्ण के व्यक्ति को राममंत्र देने में संकोच नहीं किया।

स्वामी जी ने अपने सभी शिष्यों को जन–जागरण तथा भक्ति के प्रचार का। जिसमें समाज के सभी वर्गों का सहभाग हो और सामाजिक समरसता निर्माण करने के पवित्र कार्य का संदेश दिया। स्वामी जी के प्रयासों से श्री राम भक्ति और सामाजिक भाई–चारे का संदेश देश के हर नगर, ग्राम में पहुंचा। एक सौ ग्यारह वर्ष की लम्बी अवधि तक हिन्दू समाज को भक्ति और सामाजिक समरसता का अमृत निरंतर दिया और अंत में प्रभु धाम को सिधार गये।

५

गुरू नानक देव

गुरू नानक देव का जन्म संवत १५२६ वैशाख सुदी तृतीया (१५ अप्रैल सन् १४६९) को पंजाब में हुआ था। वर्तमान समय में यह स्थान पश्चिमी पाकिस्तान में है और आजकल यह स्थान ननकाना नाम से जाना जाता है। आपके पिता मेहता कल्याण दास थे परन्तु वे मेहता कालू जी के नाम से ही जाने जाते थे। वे वेदी कुल के क्षत्रिय थे। श्री राम के पुत्र कुश द्वारा वेदों का गहन अध्ययन करने के बाद

उन्हें वेदी कहा जाने लगा। इसी कुल में नानक का जन्म हुआ था। मेहता कालू स्थानीय सूबेदार रामबुलार के अधीन पटवारी थे। नानक की पत्नी तृप्ता थी। नानक के तेजस्वी रुप को देखकर हरदयाल ज्योतिषी आश्चर्यचकित रह गये। बड़ी बहिन नानकी के नाम के आधार पर बालक का नाम नानक रखा गया।

नानक ने मानव की सेवा के लिए घर त्यागने का निश्चय कर लिया और मानव–मानव में एकात्मता एवं ईश्वर को समझाने के लिए सम्पूर्ण भारत का प्रवास किया।

श्री नानक ने अंधविश्वास, दम्भ, कर्मकाण्ड, आडंबरयुक्त विधि–विधान, छुआछूत तथा शुद्धाशुद्ध की कल्पनाओं का प्रखर विरोध करते हुए कटु आलोचना की। आखिर उनका तो दृढ़ विश्वास था कि ईश्वर को धर्म का ढोंग पंसद नहीं इसलिए वे मनुष्यों में किए जाने वाले भेद को अन्याय कारक मानकर उसका विरोध करते थे। उन्होंने काल्पनिक छुआछूत के कारण भोजन पकाने के पूर्व चौका लगाने की पद्धति का उपहास भी इसी कारण किया था और कहा था कि मन में पाप और दुष्टता रखकर की गई सब बातें व्यर्थ हैं। यह सब दिखावा मात्र है।

गुरू नानक की दृष्टि में प्रत्येक व्यक्ति महान है। किसे पतित और हीन कहा जाये। आदमी का कर्म ही उसकी जाति होती है।

गुरू नानक जी सामाजिक स्वास्थ्य के लिए जो समाज व्यवस्था की गई थी उसके विरोधी नहीं थे। वरन उस समाज में छुआछूत एवं ऊँच–नीच के भेद भाव का जो दोष उत्पन्न हो गया था, उसका विरोध करते थे और सदा कहा करते थे कि मनुष्य की योग्यता उसकी जाति से नहीं वरन उसके अंतःकरण की शुद्धता पर निर्भर करती है।

गुरू नानक जी ने अपने अनुयायियों को उपदेश दिए जो कि सदैव प्रासंगिक बने रहेंगे। गुरू नानक जी की शिक्षा का मूल निचोड़ यही है कि परमात्मा एक, अनंत, सर्वशक्तिमान, सत्य, सर्वत्र व्याप्त है।

मूर्तिपूजा आदि निरर्थक है, नाम स्मरण सर्वोपरि तत्व है और नाम गुरू के द्वारा ही प्राप्त होता है। गुरूनानक की वाणी भक्ति, ज्ञान और वैराग्य से ओत–प्रोत है। उन्होंने अपने अनुयायियों को शिक्षाएँ दी यथा–

१. ईश्वर एक है, २. सदैव एक ही ईश्वर की उपासना करो, ३. ईश्वर सब जगह और प्राणिमात्र में मौजूद है, ४. ईश्वर की भक्ति करने वालों को किसी का भय नहीं रहता, ५. ईमानदारी से और मेहनत करके उदर पूर्ति करनी चाहिए, ६. बुरा कार्य करने के बारे में न सोचें और न किसी को सताएं, ७. सदैव प्रसन्न रहना चाहिए, ईश्वर से सदैव अपने लिए क्षमा मांगनी चाहिए, ८. मेहनत और ईमानदारी की कमाई में से जरुरतमंद को भी कुछ देना चाहिए, ९. सभी स्त्री और पुरुष बराबर हैं, १०. भोजन शरीर को जिंदा रखने के लिए जरूरी है पर लोभ–लालच व संग्रहवृत्ति बुरी है।

श्री गुरूनानक जी ने कभी भी स्त्रियों को मुक्ति के मार्ग का रोड़ा अथवा पाप की राशि नहीं कहा है। श्री नानक ने मूर्तिपूजा का सदैव ही उपहास किया और सम्पूर्ण सिक्ख समाज को जाति भेद की दीवारों से मुक्त कर जात–पात की तीव्रता को अपने प्रयासों से कम किया लेकिन यह पूर्णतः बन्द नहीं हुई।

अंततः श्री गुरू नानक देव जी किसी संकुचित धार्मिक विचारधारा के सर्म्पक में नहीं थे। वे तो समता और एकात्मता के साधक थे। उस युग में जब विदेशियों के अन्यायी कदम इस देश में अपनी जड़ें जमा रहे थे, तब देश, संस्कृति, धर्म और दर्शन की रक्षा की बहुत आवश्यकता थी। शांतिपूर्ण समाज जीवन जरुरी था।

"नानक देव जी अच्छे कवि भी थे। उनके भावुक और कोमल हृदय ने प्रकृति से एकात्म होकर जो अभिव्यक्ति की है वह निराली है। उनकी भाषा बहता नीर थी जिसमें फारसी, मूल्तानी, पंजाबी, सिंधी, अरबी, संस्कृत और बृज भाषा के शब्द समा गये थे।

हरि बिनु तेरो कोन सहाई।
काकी मात–पिता सुत वविता, को काहु को भाई।।
धनु–धरनी अरु सम्पत्ति सगरी, जो मानिओ अपनाई।
तन छूटै कुछ संग न चालै, कहा ताहि लपटाई।।
दीनदयाल सदा दुःख भंजन, ता सिर रुचि न बढ़ाई।
नानक कहत जगत सम मिथिआ, ज्यों सुपना रैनाई।।

नानक अपने व्यक्तित्व में दार्शनिक, योगी, गृहस्थ, धर्म सुधारक, समाजसुधारक, कवि, देशभक्त और विश्वबंधु आदि के सभी गुण समेटे हुए थे। लोगों का मानना है कि बाबा नानक एक सूफी संत भी थे।

उन्होंने अपना सम्पूर्ण जीवन देश की भावात्मक एकता और लोक संग्रह की साधना में दिया और २२ सितम्बर १५३९ ई. को सदा सर्वदा के लिए ब्रह्मलीन हो गये।

६

स्वामी दयानंद सरस्वती

"कृण्वन्तो विश्वमार्यम"

डेढ़ सौ वर्ष पूर्व की घटना है कि सौराष्ट्र में छोटे–छोटे राज्य थे। उनमें से एक मोरवी था, जिसमें तन्कारा नामक एक नगर था। वहां करसन लाल जी तिवारी नामक एक धनी ब्राह्मण रहते थे जो तन्कारा के तहसीलदार भी थे। करसन लाल जी न्यायी तथा धार्मिक व्यक्ति थे। वे व्यवहार में दयालू थे। परंपरागत धार्मिक कार्यों में उनकी श्रद्धा थी। उनकी पत्नी अमृत बाई सुस्वरुप एवं सद्गुणी महिला थीं। सम्पूर्ण ग्राम के लिए वे माता के समान थीं। १२ फरवरी सन् १८२४ में उनको

एक पुत्र हुआ। उन्होंने उसका नाम मूल शंकर रखा। नाम की परिपाटी के अनुसार उसे दयाराम भी कहते थे। यही बालक आगे चलकर सुविख्यात महर्षि दयानंद सरस्वती बना।

महर्षि जी यद्यपि संन्यासी थे फिर भी गरीबों के दुखों से उनका भावनाशील तथा स्नेहमय अंतःकरण पिघल जाता था। लोगों को आलस्य से जगाने के लिए ही स्वामी जी ने भारत भ्रमण किया। जहां–जहां वे गये वहां उन्होंने जातीयता, मूर्तिपूजा, बाल विवाह आदि घातक रुढ़ियों तथा परंपराओं की भर्त्सना की। अर्थात सहस्रों वर्षों की कालावधि में हिन्दुओं में कुछ गर्हनीय रुढ़ियां चल पड़ीं जिसका सर्वत्र बोल–बाला रहा। उससे हिन्दुत्व की महानता को ठेस पहुंच रही थी लेकिन स्वामी जी के प्रयास से सच्चा हिन्दुत्व पुनः आलोकित हुआ। पाश्चात्य संस्कृति के प्रभाव से ईसाई धर्म स्वीकार करने की सिद्धता जो हजारों युवक कर चुके थे वे पुनः वापिस लौटे और वैदिक धर्म के कट्टर अनुयायी बने। ऐसा कहा जाता है कि भारतीयों के सामाजिक जीवन में दयानंद जी ने क्रांति ला दी थी।

स्त्री की समानता पर उन्होंने विशेष बल दिया। वे प्रायः कहा करते थे कि भारत के इस अधः पतन का एक कारण महिलाओं का शिक्षित नहीं होना है। अर्थात जब तक महिलायें परदे के समान मूर्ख रुढ़ियों के बंधन नहीं तोड़तीं तब तक प्रगति असंभव है।

स्वामी जी प्रचलित धर्मों में व्याप्त बुराइयों का कड़ा खंडन करते थे, चाहे वह सनातन, इस्लाम या ईसाई धर्म हो। अपने महाग्रंथ सत्यार्थ प्रकाश में स्वामी जी ने सभी मतों में व्याप्त बुराइयों का खण्डन किया है। उनके समकालीन सुधारकों से अलग, स्वामी जी का मत शिक्षित वर्ग तक ही सीमित नहीं था अपितु आर्य समाज ने आर्यावर्त के साधारण जनमानस को भी अपनी ओर आकर्षित किया। उनके विचारों से प्रभावित महापुरुषों की संख्या असंख्य है। उन्होंने अनेक स्थानों की यात्राएँ की और हरिद्वार में कुंभ के अवसर पर ''पाखण्ड

खंडिनी पताका'' लहराई, अनेक शास्त्रार्थ किए। स्वामी जी ने समाज में व्याप्त सामाजिक कुरीतियों तथा अंधविश्वासों और रुढ़ियों को दूर करने के लिए निर्भय होकर उन पर आक्रमण किया। उन्होंने जन्मना जाति का विरोध किया तथा कर्म के आधार पर वेदानुकूल वर्ण निर्धारण की बात कही। उन्होंने बाल विवाह तथा सती प्रथा का निषेध किया और विधवा विवाह का समर्थन किया।

महर्षि जी अस्पृश्यता के भी घोर विरोधक थे। अस्पृश्यता इस समाज के लिए भीषण अभिशाप है। अतः अपने लक्ष्य की पूर्ति के लिए स्वामी जी ने आर्यसमाज नामक संस्था की स्थापना कर अनेक स्थानों पर गुरुकुलों की स्थापना की।

महर्षि जी महान ऋषि थे। मानव जाति की भलाई के लिए उन्होंने अति जटिल मार्ग अपनाया और मान–अपमान, गाली–गलौच, जहर बदले में मिला और छल से जहर पान से ३० अक्टूबर १८८३ दीवाली के दिन सांय ६ बजे ओंकार की ध्वनि के साथ वह ब्रह्मलीन हो गये।

स्वामी जी के अंतिम शब्दः–

''प्रभु! तूने अच्छी लीला की।
आपकी इच्छा पूर्ण हो।।''

७

स्वामी श्रद्धानंद

क्षत्रिय कुल में उत्पन्न श्री नानक चंद कपूरथला (पंजाब) में थानेदार के पद पर कार्यरत थे। कुछ दिनों के बाद इस नौकरी को

छोड़कर अंग्रेज सरकार की सेवा में आ गये। तब अंग्रेज सरकार ने उनके आदर्श कार्यों की सराहना कर पुलिस इन्स्पेक्टर पद या १२ सौ बीघा जमीन का पुरस्कार देना चाहा, बदले में नानक चंद ने पुलिस इंस्पेक्टर पद स्वीकार किया।

श्री नानक जी के चार पुत्र और दो पुत्रियां थी। उनके अंतिम संतान के रुप में जो पुत्र २ फरवरी १८५६ को जन्मा उसका नाम मुंशीराम रखा गया। यही बालक आगे चलकर स्वामी श्रद्धानंद के नाम से प्रसिद्ध हुआ। श्री नानक चंद जी पंजाब के जिला जालंधर के तलबन नामक स्थान के रहने वाले थे।

स्वामी श्रद्धानंद हिन्दू संगठन के प्रबल समर्थक थे। वे देश में रहने वाली सब जातियों, हिन्दू–मुस्लिम–इसाई आदि में एकता और सद्भाव चाहते थे। परन्तु उनका दृढ़ विश्वास था कि जब तक हिन्दू अंसगठित हैं तब तक यह संभव नहीं है।

स्वामी जी ने कहा कि आम हिन्दू समाज अनेक जातियों–उपजातियों में बंटा है, उसमें एकता नहीं है, छुआछूत और ऊंच–नीच का विचार घर किये हुए है। इन बुराइयों को दूर करना होगा, अछूत यानी दलित बन्धुओं को समाज में आदर और प्रेम का स्थान दिलाना होगा। वैदिक काल की सामाजिक व्यवस्था लानी होगी। आश्रम व्यवस्था और कर्म पर आधारित वर्ण व्यवस्था का पालन होना चाहिए। महिलाओं की दशा सुधरनी चाहिए। विधवाओं के पुनर्विवाह का प्रबंध करना होगा। जो छल से मुस्लिम और ईसाई बन गये हैं उनमें से अनेक, अपने मूलधर्म में वापिस आना चाहते हैं, उनका स्वागत करना चाहिए और शुद्धि का अभियान जोर–शोर से चलाना चाहिए।

सब हिन्दू एक सूत्र में बंधें, परस्पर प्रेम से रहें, इसके लिए प्रत्येक बड़े नगर में एक हिन्दू राष्ट्र मन्दिर होना चाहिए और प्रत्येक राष्ट्र मन्दिर पर गायत्री मंत्र अंकित होना चाहिए।

स्वामी जी दलितों के उद्धार को बहुत आवश्यक मानते थे। इसके लिए उन्होंने देश भर का कई बार दौरा किया और 'दयानंद दलितोद्धार मंडल' की स्थापना की। इस मंडल ने अपनी पूरी शक्ति दलित भाइयों की सेवा एवं उनके सुधार में ही लगायी।

जो हिन्दू किसी कारण से अपना धर्म त्याग कर विधर्मी बने उन्हें वापिस अपने धर्म में लेने के लिए रुढ़िवादी हिन्दू उस समय तैयार नहीं थे। पहले पहल आर्य समाज ने ही दृढ़ता से कहा कि कोई भी व्यक्ति चाहे वह पहले कभी हिन्दू रहा हो या न रहा हो आर्य हिन्दू धर्म को अपना सकता है और उसका स्वागत किया जायेगा। ऐसे व्यक्ति को हिन्दू धर्म में दीक्षित करना शुद्धि कहलाता है। जैसे भारत में जो अनेक विदेशी जातियां आयीं वे सब विशाल आर्य जाति में समा गईं और आर्य जाति ने भी उन्हें सहर्ष अपना लिया। अतः स्वामी जी ने इस भूल को सुधारने के लिए शुद्धि आन्दोलन चलाया। स्वामी जी दलितोद्धार के समान शुद्धि को भी हिन्दू संगठन का आवश्यक अंग मानते थे।

स्वामी जी अनेक सामाजिक कुरीतियों को मिटाने तथा वैदिक पद्धति का जीवन बिताने के लिए समाज को सदैव प्रेरित करते थे। परन्तु वे कोरे उपदेश नहीं थे। दूसरों को कोई उपदेश देने से पहले स्वामी जी स्वयं आचरण करते थे। उन्होंने पर्दा प्रथा का विरोध किया तो सबसे पहले इस बुरी प्रथा को अपने ही घर से समाप्त किया। जाति–पांति के विरुद्ध प्रचार किया तो पहले अपनी पुत्री का विवाह जाति का बंधन तोड़ कर किया। गुरुकुल में अपने पुत्रों को भर्ती कराने के लिए दूसरों से कहा परन्तु सबसे पहले अपने दोनों पुत्रों को गुरुकुल में भर्ती कराया।

स्वामी जी सच्चे देशभक्त होने के साथ भारतीय संस्कृति के गौरव के संरक्षक थे। वे दलितों का उद्धार कर उन्हें समाज की मुख्य धारा में जोड़ना चाहते थे, इसलिए वे दलितोद्धार, शुद्धि आंदोलन, हिन्दी भाषा शिक्षण, व्यावहारिक शिक्षा तथा राष्ट्रभक्ति पूर्ण आंदोलन के लिए

पहचाने जाते हैं। वैदिक भारतीय शिक्षा पर उनका विश्वास था। वे हिन्दू–मुस्लिम एकता पर भी बल देते थे। हिन्दू जाति के उद्धारक, स्वदेशी आंदोलन के समर्थक थे। स्वामी जी जीवन में नैतिकता को प्रमुख मानते थे। हिन्दूवादी होते हुए भी सभी धर्मों के प्रति उनके मन में समान भाव था। उनकी कथनी और करनी में कोई अंतर नहीं था। एक दुरात्मा से महात्मा बनने की कहानी स्वामी जी का समूचा जीवन ही है।

हिन्दू समाज भारत की रीढ़ है। आज स्वामी जी के प्रयासों से हिन्दुओं ने नव जीवन पाया। अधूरे स्वप्नों को व्यापक और प्रभावी बनाने का सुअवसर प्राप्त किया। इसी पवित्र कार्य को स्वामी जी ने अपना सब कुछ समर्पित कर पूरा किया। उनके तेजस्वी एवं आदर्शवादी जीवन ने राष्ट्र निर्माण के विभिन्न क्षेत्रों में समर्पित बंधुओं को साहस से सतत आगे बढ़ने की प्रेरणा दी और फिर ऐसे महान संत २३ दिसम्बर १९२६ को सदा के लिए ब्रह्मलीन हो गये।

८

राजा राममोहन राय

आज से लगभग २०० वर्ष पहले राजा राममोहन राय का जन्म २२ मई, १७७२ ई. को राधासागर (बंगाल) में हुआ था। इनके पिता

रमाकांत राय एक अच्छे जमींदार थे। उस समय भारत पर अंग्रेजों का राज्य था। गांव के जमींदार, किसानों, मजदूरों, गरीबों पर मनमाने अत्याचार किया करते थे। अधिकतर लोग अनपढ़ थे और अपने भले बुरे की बिल्कुल भी पहचान नहीं थी। उनके पंडित और मौलवी उन्हें जैसा भी सिखाते वे वैसा ही किया करते थे। हिन्दू धर्म अंधविश्वास और कुरीतियों का शिकार होने लगा था। धर्म के नाम पर महिलाओं पर भयंकर अत्याचार किये जाते थे। बहुत छोटी उम्र में उनकी शादी कर दी जाती थी। अगर दुर्भाग्य से उनके पति मौत के शिकार हो जायें तो उन्हें आग में जला दिया जाता था। स्वयं महिलायें भी अधर्म के डर से इसके खिलाफ आवाज तक नहीं उठा पाती थीं।

ऐसे ही संकट के समय में एक बंगाली परिवार में एक प्रतिभाशाली बालक ने जन्म लिया था। इसने बचपन से ही अपने देश की दुर्दशा को देखा और महसूस किया था कि जब तक हमारा देश सामाजिक और धार्मिक कुरीतियों से पिण्ड नहीं छुड़ा लेता तब तक भारतवासी सुखी नहीं हो सकते। राममोहन राय ने देश की दुर्दशा मिटाने के लिए अंग्रेजों को इस देश से निकालने की बजाय पहले अपने देशवासियों की हालत को सुधारना बेहतर समझा।

इस प्रकार उनकी गहरी नजर ने हिन्दू धर्म की इन कमजोरियों को पहचाना और मन ही मन इन सब बुराइयों को जड़ से मिटा डालने का संकल्प किया और अपने सुधारों का आरंभ अपने घर से ही किया। उन्होंने हिन्दू धर्म का चिंतन और मंथन किया और उसमें से सार को मोती के रुप में निकाल लिया और अंत में इन्हीं मोतियों को लड़ी में पिरोकर ब्रह्म समाज की स्थापना की। ब्रह्मसमाज की स्थापना के साथ ही उन्होंने हिन्दू समाज में फैली तमाम कुरीतियों को जड़ से मिटाने के लिए सम्पूर्ण समाज का आह्वान किया और कुप्रथा के खिलाफ आवाज उठायी।

राजा राममोहन राय की दूरदर्शिता और वैचारिकता के सैकड़ों उदाहरण इतिहास में दर्ज हैं। हिन्दी के प्रति उनका अगाध स्नेह था। वे रूढ़िवादी और कुरीतियों के प्रखर विरोधी थे लेकिन संस्कार, परंपरा और राष्ट्र गौरव उनके दिल के करीब थे। वे स्वतंत्रता चाहते थे लेकिन चाहते थे कि इस देश के नागरिक उसकी कीमत पहचाने। धर्म और समाज सुधार उनका मुख्य लक्ष्य था। वे ईश्वर की एकता में विश्वास करते थे और सभी प्रकार के धार्मिक अंधविश्वास और कर्मकांडों के विरोधी थे। वे जीवनपर्यंत अपने विचारों का समर्थन करते रहे और उनके प्रचार के लिए उन्होंने ब्रह्म समाज की स्थापना की।

वे मूर्ति पूजा को भी हिन्दू धर्म का अंग नहीं मानते थे। फलस्वरुप कट्टरपंथियों ने उन्हें नास्तिक अहिंदू कहकर संबोधित किया और वह उनको अपमानित करने के लिए उन पर समय–समय पर कीचड़ उछाला करते थे। लेकिन राजाराम जी को जब भी मौका मिलता वे ढोंगी और कट्टरपंथी पंडितों की पोल खोल दिया करते थे।

इस कारण ये सभी लोग राजा राममोहन राय के खिलाफ हो गये थे। वह किसी भी तरह से राजा राममोहन राय को नीचा दिखाना चाहते थे। यूं तो राजा राममोहन राय ने अनेक सामाजिक और धार्मिक कुरीतियों पर प्रहार किया लेकिन सती प्रथा जैसी बर्बर प्रथा को समाप्त करने के लिए उनके द्वारा की गई कोशिशों के कारण उनका नाम हमेशा भारत में आदर के साथ लिया जाता रहेगा।

राजा राममोहन राय द्वारा सभी कुरीतियों को मिटाने के लिए दो तरह के अभियान चलाये गये थे। उनमें एक तो अंग्रेज सरकार द्वारा कानून बनवाने का और दूसरा जनता द्वारा इसके खिलाफ वातावरण तैयार करवाने का। सौभाग्य से आप दोनों में ही सफल हुए। उनके इस कार्य में उनके द्वारा स्थापित आत्मीय सभा के सदस्यों ने बहुत योगदान दिया। नृशंस और बर्बर कुरीतियों के खिलाफ जनमत तैयार करने के लिए शिक्षा सबसे बड़ा साधन था इसलिए उन्होंने देश भर में

१८१६ में ऐंग्लो हिन्दू स्कूलों की स्थापना की जिसे आत्मीय सभा के सदस्य संचालित करते थे।

राजा राममोहन राय ने ईस्ट इंडिया कम्पनी की नौकरी छोड़ कर अपने आपको राष्ट्र की सेवा में झोंक दिया। भारत की स्वतंत्रता प्राप्ति के अलावा वे दोहरी लड़ाई लड़ रहे थे। दूसरी लड़ाई उनकी अपने ही देश के नागरिकों से थी जो अंधविश्वास और कुरीतियों में जकड़े हुए थे। राजा राममोहन राय ने उन्हें झकझोरने का काम किया। बाल–विवाह, जातिवाद, सतीप्रथा, पर्दा प्रथा, कर्मकाण्ड आदि का उन्होंने भरपूर विरोध किया। राजा राममोहन राय आधुनिक भारत के निर्माता, सबसे बड़े सामाजिक धार्मिक सुधार आंदोलनों एवम् ब्रह्मसमाज के संस्थापक थे जिन्होंने सती प्रणाली जैसी सामाजिक बुराई के उन्मूलन में एक महत्वपूर्ण भूमिका निभाई है। इस प्रकार धार्मिक और सामाजिक विकास के क्षेत्र में राजा राममोहन राय का नाम सबसे अग्रणी है।

राजा राममोहन राय जी का ह्रदय साधारण लोगों के लिए दया और करुणा से हमेशा भरा रहता था। वे इसके लिए हर तरह के कष्ट उठाने को सदैव ही तैयार रहते थे। राजा राममोहन राय ने जीवनभर सामाजिक समरसता व एकता के लिए कठोर साधना की। ऐसे महान जीवन व्रती का शरीर अब कमजोर हो चुका था और ऐसी गंगा की धारा को प्रवाहित करने वाले भगीरथ अपने सम्पूर्ण कार्यों की बागडोर अपने अनुयायियों को सौंप कर २७ सितम्बर १८३२ ई. को सर्वदा के लिए ब्रह्म में विलीन कर लिया।

१

स्वामी विवेकानंद

१२ जनवरी सन् १८६३ की पौष संक्रांति। जब प्रकृति में संक्रांति हो रही थी, भगवान भास्कर अपनी राह बदल रहे थे, इसी बेला में कोलकाता के सिमुलिया पल्ली में पिता विश्वनाथ दत्त के घर में सूर्योदय के कुछ समय पूर्व ६ बजकर ४९ मिनट पर एक बालक ने जन्म लिया। दत्त घर आंनद से भर गया। मंगल वाद्य बज उठे। पवित्र मातृभूमि और उस दिन की नव ऊषा ने भाव–भीना स्वागत किया।

शिशु वाराणसी के वीरेश्वर महादेव की आराधना के प्रसाद रूप जन्मा था। अतः उसका नाम रखा गया वीरेश्वर। माता उसे प्रेम से

विले कहकर पुकारती थी और पिता ने कहा कि मेरे पुत्र का नाम होगा नरेंद्रनाथ।

नरेन्द्रनाथ बचपन से ही बड़े ही मेधावी, निर्भीक, रहस्यप्रिय, श्रुति एवं स्मृतिधर थे और श्री राम भक्त हनुमान, नरेन्द्र के आदर्श थे। मां भुवनेश्वरी ने बड़े ही जतन से बालक का पालन पोषण किया।

भविष्यवेत्ताओं ने कहा कि नरेन्द्र आध्यात्मिक साधना, अपूर्व चारित्र्य प्रखर, स्वदेश प्रेम, दीन–दुखियों, दलितों की ममता से परिपूर्ण तेज वीर्य ज्ञान से विभूषित वह भारत का ही नहीं अपितु विश्व मानवता का दाता बनेगा।

नरेन्द्र ने जीवन भर जो जागरण का शंखनाद किया उसी पथ पर चलकर समाज में चैतन्य भरा। वे सदा ही कहा करते थे कि हमारी जाति अभी भी जीवित है। धुक–धुकी चल रही है, केवल बेहोश हो गयी है। देश का प्राण धर्म है, भाषा धर्म है तथा भाव धर्म है।

ये जो किसान, मजदूर, मोची, मेहतर आदि हैं इनकी कर्मशीलता और आत्मनिष्ठा कइयों से कहीं अधिक है। ये लोग चिरकाल से काम करते आ रहे हैं। देश का धन–धान्य उत्पन्न कर रहे हैं पर अपने मुंह से शिकायत तक नहीं करते हैं। वास्तव में ये लोग ही राष्ट्र की रीढ़ हैं। यदि ये निम्न श्रेणियों के लोग अपना–अपना काम बन्द कर दें तो सारे देश में हाहाकार मच जायेगा और इन्हें ही आप नीच समझ रहे हैं और स्वयं उच्च वर्ग के नाम कर अभिमान का अनुभव कर रहे हैं।

इन लोगों ने हजारों–हजार वर्षों तक नीरव अत्याचार सहन किया है और उससे पायी है अपूर्व सहिष्णुता, सनातन दुख उठाया जिससे पायी है अटल जीवन शक्ति। ये लोग मुट्ठी भर सत्तू खाकर दुनिया उलट सकेंगे। ये रक्त बीज के प्राणों से युक्त हैं और पाया है सदाचार बल जो तीनों लोकों में नहीं है। इतनी शांति, इतनी प्रीति, इतना प्यार, बेजबान रहकर दिन–रात खटना और काम के वक्त सिंह का विक्रम।

बड़ा काम आने पर बहुतेरे वीर हो जाते हैं। दस हजार आदमियों की वाहवाही के सामने कापुरुष भी सहज ही में प्राण दे देते हैं। घोर स्वार्थ पर भी निष्काम हो जाता है। परन्तु अत्यन्त छोटे से कर्म में भी सब में अज्ञात भाव से जो वैसी ही निस्वार्थता, कर्त्तव्य परायणता दिखाते हैं, वास्तव में वे ही धन्य हैं।

ब्राह्मणों ने ही तो धर्मशास्त्रों पर एकाधिकार जमाकर विधि निषेधों को अपने ही हाथ में रखा था और भारत की दूसरी जातियों को नीच कहकर उनके मन में विश्वास जमा दिया था।

जाति व्यवस्था सर्वदा ही लचीली रही है। कभी–कभी तो इतनी लचीली कि सांस्कृतिक दृष्टि से अति निम्न स्तरीय लोगों के स्वास्थ्य की उसमें संभावना ही नहीं रही।

भारत की अवनति इसलिए नहीं हुई कि हमारे पूर्व पुरुषों के नियम और आचार व्यवहार खराब थे। वरन् उनकी अवनति का कारण यह था कि उन नियमों और आचार व्यवहारों को उनकी न्याय–संगत परिणिति तक नहीं ले जाने दिया गया अर्थात हमारा सबसे बड़ा राष्ट्रीय पाप जनसमुदाय की उपेक्षा है, और भी हमारे पतन के कारण हैं स्त्रियों का तिरस्कार और गरीबों को जाति भेद द्वारा पीसना।

यथार्थ राष्ट्र जो झोपड़ियों में निवास करता है अपना पौरुष विस्मृत कर बैठा है। अपना व्यक्तित्व खो चुका है। इस भारत भूमि में जन समुदाय को कभी भी अपनी आत्म स्वत्व बुद्धि को उद्दीप्त करने का मौका नहीं दिया गया। हिन्दू, मुस्लिम और ईसाई के पैरों से रौंदे गये वे लोग यह समझ बैठे कि जिस किसी के पास पैसा हो वह उसी के पैरों से कुचले जाने के लिए ही पैदा हुए हैं।

ये लोग जो किसान हैं, वे कोरी (जुलाहे) जो भारत के नगण्य मनुष्य हैं, विजाति विजित, स्वजाति निंदित छोटी–छोटी जातियां हैं, वही चुपचाप लगातार काम करती जा रही हैं और अपने परिश्रम का कुछ भी फल नहीं पा रही हैं।

जीवन संग्राम से सदा लगे रहने के कारण निम्न श्रेणी के लोगों में अभी तक ज्ञान का विकास नहीं हुआ है। ये लोग अभी तक मानव बुद्धि द्वारा परिचालित यंत्र की तरह एक ही भाव से काम करते आये हैं और बुद्धिमान चतुर व्यक्ति इनके परिश्रम तथा कार्य का सारा निचोड़ ले लेते हैं।

अब निम्न श्रेणियों के न्याय संगत अधिकार की प्राप्ति में सहायता करने मे ही उच्च श्रेणियों का भला है।

इतिहास में कहाँ और किस काल में आपके धनवान पुरुषों ने, पुरोहितों ने और राजा ने गरीबों की ओर ध्यान दिया था। वे गरीब जिन्हें कोल्हू के बैल की तरह पेलने से ही उनकी शक्ति संचित हुई थी।

भारतवर्ष में सभी अनर्थों की जड़ है जन साधारण की गरीबी। पुरोहिती शक्ति और विदेशी विजेतागण सदियों से उन्हें कुचल रहे हैं जिसके फलस्वरुप भारत के गरीब बेचारे यह तक भूल गये हैं कि वे भी मनुष्य हैं और हमारे अभिजात पूर्वज साधारण समुदाय को जमाने से पैरों तले कुचलते रहे। इसके फलस्वरुप वे बेचारे बिलकुल असहाय हो गये। भारत के सत्यानाश का मुख्य कारण यही है कि देश की सम्पूर्ण विद्या–बुद्धि, राजशासन मुट्ठी भर लोगों के अधिकार में रखा गया है। भारत के दरिद्रों एवं पतितों का कोई साथी नहीं, कोई सहायता देने वाला नहीं। वे कितनी ही कोशिशें क्यों न करें, उनकी उन्नति का कोई उपाय नहीं, वे प्रतिदिन डूबते जा रहे हैं। क्रूर समाज उन पर लगातार चोटें कर रहा है। उसका अनुभव तो वे खूब कर रहे हैं पर वे जानते नहीं कि ये चोंटें कहां से आ रही हैं। सदियों तक वे धनी–मानियों की आज्ञा सिर आखों पर रख कर केवल लकड़ी काटते और पानी भरते रहे हैं और तब कहीं उनकी यह धारणा बन गयी कि मानों उन्होंने गुलाम के रुप में ही जन्म लिया है।

उस जन–साधारण को शत–शत वर्षों से सम्मोहित कर इस तरह की हीन अवस्था में डाल दिया गया, मानो उनके स्पर्श में अस्पृश्यता

समायी है। उनके साथ बैठने में छूत समा जाती है। कहा जाता है कि निराशा के अंधकार में तुम्हारा जन्म हुआ है, सदा तुम इस अंधेरे में पड़े रहो।

हमारे देश का पिछड़ा एवं बलहीन होना वहां की शक्ति के निरादर का परिणाम है।

पृथ्वी पर ऐसा कोई धर्म नहीं है जो हिन्दू धर्म के समान इतने उच्च स्वर से मानवता के गौरव का उपदेश करता हो और पृथ्वी पर ऐसा कोई धर्म नहीं जो हिन्दू धर्म के समान गरीबों और नीच जाति वालों का गला ऐसी क्रूरता से घोंटता हो।

कर्म काण्डों से ऊबकर दार्शनिकों की जटिल व्याख्या से विभ्रांत होकर लोग अधिकाधिक संख्या में जड़वादियों से जा मिले। यही जाति समस्या का सूत्रपात था एवं भारत में कर्मकांड दर्शन, तथा जड़वाद के मध्य संग्राम का मूल भी यही था।

हम लोग केवल तभी उठ सकते हैं जब इसे फिर से पूरी स्वतंत्रता दें। याद रखें कि इस विविधता का अर्थ वैषम्य नहीं है और न कोई विशेषाधिकार ही।

प्रत्येक दृढ़ मूल अभिजात वर्ग अथवा विशेष अधिकार प्राप्त सम्प्रदाय जाति का घोतक है। वह जाति नहीं है। जाति को स्वतंत्रता दो, जाति की राह से प्रत्येक रोड़े को हटा दो। बस हमारा उत्थान होगा। पुरोहित प्रपंच ही भारत की अधोगति का मूल कारण है। मनुष्य अपने भाई को पतित बनाकर क्या स्वयं पतित होने से बच सकता है। जिन्होंने गरीबों का रक्त चूसा, जिनकी शिक्षा उनके धन से हुई, जिनकी शक्ति उनकी दरिद्रता पर बनी, वे अपने ही घर में सैकड़ों और हजारों की गिनती में दास बनाकर बेचे गये। उनकी संपत्ति हजारों वर्षों तक लुटती रही, उनकी स्त्रियां और कन्यायें अपमानित की गयीं। युगों–युगों से ऊंची जाति वालों के अत्याचार से, उठते–बैठते ठोकरें

खाकर एकदम वे मनुष्यत्व खो बैठे हैं और पेशेवर भिखमंगों जैसे हो गये हैं। हमारी शिक्षा के लिए धन वे देते हैं, मंन्दिर बनाते हैं और बदले में ठोकरें खाते हैं। भारत के गरीबों ने मुसलमान या विधर्मी बनना तलवार की धार पर स्वीकार नहीं किया, बस जमींदारों और पुरोहितों से पिण्ड छुड़ाने के लिए ही उन्होंने ऐसा किया।

अगर देश में कोई नीच जाति में जन्म लेता है तो वह हमेशा के लिए गया– बीता समझा जाता है। उसके लिए कोई आशा–भरोसा नहीं है।

वंचितो को उनकी वर्तमान हीन दशा में किसने पहुंचाया। अपनी इस दुरावस्था के लिए, अपनी इस अवनति और इन सारे दुःखों–कष्टों के लिए एक मात्र हम ही उत्तरदायी हैं। हमारे सिवाय इन बातों के लिए और कोई भी जिम्मेदार नहीं हो सकता है। दोष उनका है जो ढोंगी और दम्भी हैं, जो परमार्थिक और व्यावहारिक सिद्धातों के रुप में अनेक प्रकार के अत्याचार के अस्त्रों का निर्माण करते हैं।

राष्ट्र झोपड़ियों में बसा हुआ है परन्तु शोक उन लोगों के लिए जिनके लिये कभी किसी ने कुछ नहीं किया। राष्ट्र की भावी उन्नति आम जनता की अवस्था पर निर्भर है। जाति तो केवल व्यक्तियों की समष्टि है। शिक्षा के द्वारा ही प्रत्येक व्यक्ति को उपयुक्त बनाने के सिवाय मेरी और कोई उच्चाकांक्षा नहीं है।

वर्तमान दशा से स्त्रियों का उद्धार करना होगा। सर्वसाधारण को जगाना होगा। तभी तो भारत का कल्याण होगा।

हमारा तो संघ दीन–हीन, दरिद्र, निरक्षर, किसान तथा श्रमिक समाज के लिए है और उनके लिए सब कुछ करने के बाद जब समय बचेगा, केवल तब कुलीनों की बारी आयेगी। प्रेम द्वारा ही किसानों और श्रमिकों को जीता जा सकता है। अपनी आत्मा का अपने उद्योग

द्वारा उद्धार करो क्योंकि किसान और श्रमिक वर्ग मरणासन्न अवस्था में है।

स्वामी विवेकानंद बड़े स्वप्नद्रष्टा थे। उन्होंने एक ऐसे समाज की कल्पना की थी जिसमें धर्म या जाति के आधार पर मनुष्य–मनुष्य में कोई भेद ना रहे। उन्होंने वेदांत के सिद्धांतों को इसी रूप में रखा। यह कहा जा सकता है कि समता के सिद्धांत का जो आधार विवेकानंद ने दिया उससे सबल बौद्धिक आधार शायद ही ढूँढ़ा जा सके। विवेकानंद को युवकों से बड़ी आशाएं थीं। आज के युवकों के लिए इस ओजस्वी संन्यासी का जीवन एक आदर्श है।

अपने निम्न वर्ग के लोगों के प्रति हमारा एक मात्र कर्त्तव्य है उनको शिक्षा देना, उन्हें सिखाना कि इस संसार में तुम भी मनुष्य हो, तुम लोग भी प्रयत्न करके अपनी राब प्रकार की उन्नति कर सकते हो। सबका कर्त्तव्य है सुयोग देना और बाधा दूर करना।

विचार और कार्य की स्वतंत्रता ही जीवन उन्नति और कुशल श्रेय का एकमेव साधन है। जहां यह स्वतंत्रता नहीं है वहां मनुष्य जाति, राष्ट्र की अवनति निश्चय ही होगी।

जहां भी बुराई दिखाई देती है वहीं अज्ञान भी मौजूद रहता है। अर्थात भेद बुद्धि से ही संसार में सारे अशुभ और अभेद बुद्धि से ही सारे शुभ फलते हैं। यदि सारी विभिन्नताओं के अंदर ईश्वर के एकत्व पर विश्वास किया जाये तो सब प्रकार से संसार का कल्याण किया जा सकता है। यही प्रगति का सर्वोच्च आदर्श है।

ऐसे सभी दीनहीन लोगों को उठाना होगा। इन्हें अभय वाणी सुनानी होगी और बतलाना होगा कि तुम भी हमारे समान मनुष्य हो। तुम्हारा भी हमारे ही समान सब में अधिकार है।

अतः जो अज्ञानी हैं उन्हें वाणी द्वारा समझाओ, जो भूखा है उसके लिए खाने का प्रबंध करो, जो पीड़ित है उनके लिए सेवा शुश्रुषा,

औषधि की व्यवस्था करो। लाखों स्त्री–पुरुष पवित्र होकर भगवान के प्रति अटल विश्वास से शक्तिमान बनकर और गरीबों–पतितों तथा पद् दलितों के प्रति सहानुभूति से सिंह के समान साहसी बनकर इस सम्पूर्ण भारत देश में एक छोर से दूसरे छोर तक सर्वत्र उद्धार के संदेश, सेवा के संदेश, सामाजिक उत्थान के संदेश और समानता के संदेश का प्रचार करते हुए विचरण करेंगे।

वे केवल संत ही नहीं, एक महान देशभक्त, वक्ता, मानव प्रेमी, विचारक, लेखक भी थे। अमेरिका से लौटकर उन्होंने देशवासियों का आह्वान करते हुए कहा था– "नया भारत निकल पड़े मोची की दुकान से, भड़भूंजे के भाड़ से, कारखाने से, हाट से, बाजार से, निकल पड़े झाड़ियों, जंगलों, पहाड़ों, पर्वतों से" और जनता ने स्वामी जी की पुकार का उत्तर दिया। वह गर्व के साथ निकल पड़ी। गांधी जी को आजादी की लड़ाई में जो जन समर्थन मिला वह विवेकानंद के आह्वान का ही फल था। इस प्रकार वे भारतीय स्वतंत्रता संग्राम के भी एक प्रमुख प्रेरणास्रोत बने। उनका विश्वास था कि पवित्र भारतवर्ष धर्म एवं दर्शन की पुण्यभूमि है। यहीं बड़े–बड़े महात्माओं व ऋषियों का जन्म हुआ, यहीं सन्यास एवं त्याग की भूमि है तथा यहीं केवल यहीं आदिकाल से लेकर आज तक मनुष्य के लिए जीवन के सर्वोच्च आदर्श एवं मुक्ति का द्वार खुला हुआ है। उनके कथन–"उठो, जागो स्वयं जागकर औरों को जगाओ। अपने नर जन्म को सफल करो और तब तक नहीं रुको जब तक लक्ष्य प्राप्त न हो जाये।"

भारत तभी जगेगा जब विशाल हृदय वाले हजारों स्त्री–पुरुष भोगविलास और सुख की सभी इच्छाओं को विसर्जित कर मन, वचन, कर्म– और शरीर से उन करोड़ों भारतीयों के कल्याण के लिए सचेष्ट होंगे, जो दरिद्रता तथा मूर्खता के अगाध सागर में निरंतर डूबते जा रहे हैं। अतः उठो, जागो। जिससे एक नवीन भारत निकल पड़े। हल पकड़कर किसानों की कुटी भेदकर, मछुआ, माली, मोची, बाल्मीकों की

झोपड़ियों से, बनियों की दुकानों से, भुजवा के भाड़ के पासे से, कारखाने, हाट बाजार से और निकले, झाड़ियों, जंगलों, पहाड़ों, पर्वतों से, यही होगा हम सभी के सामने अपना गौरवशाली भावी भारत।

ऐसी प्रखर सामाजिक क्रांति का शंखनाद करने वाले स्वामी जी अल्पायु में ही ४ जुलाई १९०२ ई. को ब्रह्मलीन हो गये और छोड़ गये भावी पीढ़ी के सामने गौरवशाली अतीत का अखण्ड सपना।

१०

महात्मा ज्योतिबा फुले

महात्मा ज्योतिबा फुले का जन्म ११ अप्रैल सन् १८२७ को सतारा के फुले परिवार में हुआ था। उनके पिता श्री गोविन्द राव फुले माली जाति के थे। वे फूलों का व्यवसाय और खेती करते थे। पेशवा राज में उनके पूर्वजों ने सुंदर कलात्मक पुरुष आभूषण बना–बनाकर पेशवाओं का मन मोह लिया था। इसी कारण से इस परिवार को फुले नाम प्राप्त हुआ था और पेशवाओं ने ईनाम में ३५ एकड़ जमीन भी दी थी। ज्योतिबा के जन्म के एक वर्ष बाद ही उनकी माता चिमन बाई का निधन हो गया। अब पालन पोषण का भार पिता पर आ गया। पिता चाहते थे कि ज्योतिबा को खूब पढ़ा लिखाकर तैयार करें। उस समय सभी विद्यालय निजी स्तर पर ही चल रहे थे और बड़े–बड़े जमींदारों द्वारा एवं मन्दिरों में चलने वाले विद्यालयों में सभी शिक्षक ब्राह्मण जाति के रहते थे। इन पाठशालाओं में यदि कोई अब्राह्मण छात्र पहुंच भी जाये तो उसे वहां से भगा देने की कोशिश होती थी। सात वर्ष की आयु में ज्योतिबा भी ऐसी ही एक पाठशाला में भर्ती हुआ। लोगों ने ज्योतिबा के पिता के कान भरे कि माली जाति के अपने लड़के को पढ़ाना बेकार है। उसे तो फूलों का व्यवसाय ही करना चाहिए। ब्राह्मणों जैसी शिक्षा ग्रहण करना तो धर्म विरुद्ध है। आखिर मन मसोस कर गोविन्द राव ने तीन वर्ष बाद ज्योतिबा की पाठशाला छुड़वा दी और खेती–बाड़ी के खानदानी धंधे में लगा दिया।

परन्तु ज्योतिबा की प्रगल्भता देखकर पिता का मन नहीं माना। उन्होंने तेरह वर्षीय ज्योतिबा का विवाह आठ वर्षीय कन्या से कर दिया और ज्योतिबा में विद्याभ्यास की ललक देखकर अगले वर्ष १८४१ में पुनः पढ़ने के लिए स्काटिश मिशन स्कूल में भर्ती कर दिया। ६ वर्ष तक मिशन स्कूल में पढ़ने के साथ–साथ ज्योतिबा को अछूत जातियों के साथ हो रहे भेदभाव पूर्ण व्यवहार और उनके अज्ञान व अंधविश्वास की स्थिति का गहराई से पता चला। स्वयं ज्योतिबा को भी घोर अपमान के अनुभव आये।

ऐसे कटु अनुभवों और अछूत जातियों की बदत्तर हालात का अध्ययन कर ज्योतिबा इन अन्यायों का प्रतिकार करने के लिए मैदान में उतर पड़े। अतः मिशन स्कूल से पढ़ाई पूर्ण करने के तुरन्त बाद ही उन्होंने अछूतों के लिए एक स्कूल खोलने का निर्णय लिया।

इनका सबसे पहला और महत्वपूर्ण कार्य महिलाओं की शिक्षा के लिए था और इनकी पहली अनुयायी खुद पत्नी थी जो हमेशा अपने नियमों को बांटती थी तथा पूरे जीवनभर उनका साथ दिया।

अपनी कल्पनाओं और आकांक्षाओं के एक न्यायसंगत और एक समान समाज बनाने के लिए १८४८ में ज्योतिबा ने लड़कियों के लिए एक स्कूल खोला, यह देश का पहला लड़कियों के लिए विद्यालय था। उनकी पत्नी सावित्री बाई वहां अध्यापन का कार्य करती थीं। लेकिन लड़कियों को शिक्षित करने के प्रयास में एक उच्च असोचनयी घटना हुई, उस समय ज्योतिबा को अपना घर छोड़ने के लिए मजबूर किया गया। हालांकि इस तरह के दबाव और धमकियों के बावजूद भी वे अपने लक्ष्य से नहीं भटके और सामाजिक बुराइयों के लिखाफ लड़ते रहे और इसके खिलाफ लोगों में चेतना फैलाते रहे। १८५१ में इन्होंने बड़ा और बेहतर स्कूल शुरू किया जो बहुत प्रसिद्ध हुआ। वहां जाति, धर्म तथा पंथ के आधार पर कोई भेदभाव नहीं था और उसके दरवाजे सभी के लिए खुले थे।

ज्योतिबा फुले बाल–विवाह के खिलाफ थे साथ ही विधवा–विवाह के समर्थक भी थे। वे ऐसी महिलाओं से बहुत सहानुभूति रखते थे जो शोषण का शिकार हुई हों या किसी कारणवश परेशान हों इसलिए उन्होंने ऐसी महिलाओं के लिए अपने घर के दरवाजे सदा खुले रखे थे जहां उनकी देखभाल हो सके।

इसके बाद तो उन्होंने अनेक कार्यों में हिस्सा लिया। अछूत जाति को स्वावलंबी बनाने, समाज में सम्मान, पूर्णस्थान एवं न्याय दिलाने तथा उच्च जातियों के शोषण को समाप्त करने के लिए उन्होंने अनेक

मंचों पर कार्य किया और इस कार्य को पीढ़ी दर पीढ़ी आगे बढ़ाते चलने के लिए उन्होंने सत्य शोधक समाज की स्थापना की।

कहावत है, *''शरीरं व्याधि मंन्दिरं''* समाज रूपी शरीर को बीमारियां घेरती ही हैं। व्यक्ति हो या समाज बीमारियां स्वाभाविक हैं। शरीर सबल हो तो पता नहीं चलता कि बीमारी के कीटाणु को कब मार भगाया। शरीर कमजोर हो तो बीमारी के इलाज का ध्यान रखना पड़ता है। चिंता की बात तब होती है जब बीमारी का निदान औषधि उपचार नहीं हो।

अतः अछूत समस्या रूपी पके हुए फोड़े पर नस्तर लगाने के लिए ज्योतिबा सामने आये और घातक फोड़े पर पहला चाकू चलाने का काम किया।

इस अज्ञान और अंधविश्वास को झकझोर कर नष्ट करने का बीड़ा महात्मा फुले ने उठाया। उन्होंने इस विकृत पंडिताई पर सीधा प्रहार किया और कहा कि शूद्र, अतिशूद्र और महिलाओं को चाहिए कि वे इन झूठी मान्यताओं के खिलाफ उठ खड़े हों, इन पहनाई गई बेड़ियों को तोड़ फेंके, समाज में समता का कोई भी विकल्प है ही नहीं। यह समता अछूतों को अपनी ताकत के बल पर हासिल करनी चाहिए। अंधविश्वास से लोहा लेने के लिए जरुरी है कि अज्ञान से लड़ें और उससे दूर हों। अछूतों में शिक्षा का प्रसार हो इसलिए उन्होंने अछूत लड़कियों का पहला स्कूल १९४८ में पूना में प्रारंभ किया। अछूत समस्या के इतिहास में यह पहला क्रांतिकारी कदम था जिसने डंके की चोट पर बता दिया कि अब अछूत वर्ग भाग्य और विधाता की बातें नहीं सुनेगा और न ही सहेगा। यथास्थितिवादी सामाजिक विषमता के इस फोड़े पर यह पहला नस्तर लगाते ही बड़ी चीख पुकार मच गई। ज्योतिबा को धर्म का दुश्मन करार दिया गया।

इधर ज्योतिबा की मान्यता थी कि यदि अछूतों की मानसिक गुलामी और अंधविश्वास को दूर करना है तो महिलाओं को सबसे

पहले शिक्षित करना होगा क्योंकि महिलायें ही आने वाली पीढ़ी को संस्कारी बनाती हैं इसलिए उन्होंने निश्चयपूर्वक अडिगता से यह कदम उठाया। उनके इस पवित्र कार्य में कुछ अच्छी सूझ–बूझ वाले ब्राह्मण बालक भी शामिल थे। अर्थात ज्योतिबा के दिल में सामाजिक क्रांति के लिए प्रचण्ड आग धधक रही थी। अछूत समस्या के इतिहास में महिलाओं को एवं अछूतों को बराबरी–बराबरी का अधिकार दिलाने का यह पहला कदम बड़े ही साहस का काम था।

अछूत कहकर दुत्कारे जाने वाले भील, कोल, किरात सहित शूद्र और अतिशूद्रों के बच्चे शिक्षा ग्रहण करना प्रारंभ करेंगे और आने वाले समय में शिक्षित हो पायेंगे तो इन्हीं में से कोई एक महापुरुष उभर कर सामने आयेगा जो हमारी समाधि पर पुष्प चढ़ाकर विजय तथा आनंद की घोषणा करेगा, ऐसी भविष्यवाणी की। महात्मा ज्योतिबा फुले ६३ वर्ष की आयु में २८ नवम्बर सन् १८९० को अपने पवित्र कार्य को अपने सहयोगियों और साथियों के कंधों पर सौंपकर चिर शांति में लीन हो गये।

११

महात्मा गाँधी (बापू)

महात्मा गाँधी का पूरा नाम मोहनदास करमचन्द गाँधी था। उनका जन्म २ अक्टूबर १८६९ को गुजरात के काठियावाड़ जिले के पोरबंदर नामक स्थान पर हुआ था। इनके पिता करमचन्द गाँधी पोरबंदर रियासत के दीवान थे, बाद में ये राजकोट और कुछ समय बाद बीकानेर के भी दीवान बने। वे ईमानदार, साहसी एवं उदार प्रकृति के व्यक्ति थे। उन्हें लोभ रंचमात्र भी छू नहीं पाया था। महात्मा गाँधी की माता पुतली बाई साध्वी, श्रद्धालु एवं धर्मपरायण महिला थी। बालक मोहनदास पर माता–पिता के उच्च नैतिक संस्कारों का गहरा असर पड़ा।

गाँधी जी की सहज बाल्यावस्था पोरबंदर में प्रारंभ हुई। प्रारम्भिक शिक्षा का श्रीगणेश ७ वर्ष की अवस्था में राजकोट पाठशाला से हुआ। शैक्षिक दृष्टि से तो वे एक सामान्य छात्र थे पर वे निष्ठावान, विनयी एवं कर्त्तव्य के प्रति समर्पित थे। हाई स्कूल में इंस्पेक्टर के निरीक्षण के दौरान अध्यापक द्वारा संकेत करने पर भी उन्होंने नकल नहीं की, यह उनके चरित्र की दृढ़ता को प्रदर्शित करता है। बाल्यावस्था में गाँधी जी ने श्रवण कुमार की पित्रभक्ति एवं हरिश्चन्द्र की सत्यवादिता को अपने व्यक्तित्व का हिस्सा बना लिया। तेरह वर्ष की अल्पावस्था में इनका विवाह कस्तूरबा बाई से हुआ। अपने अनुभवों के आधार पर गाँधी जी जीवनपर्यंत बाल विवाह के विरोधी बने रहे। १८८५ में इनके पिताजी का देहावसान हो गया। पिता की मृत्यु से इन्हें गहरा झटका लगा। तमाम विरोधों के बावजूद उच्च शिक्षा ग्रहण करने गाँधी जी लंदन चले गए। १८९१ में बैरिस्टर की परीक्षा सफलतापूर्वक उत्तीर्ण कर वे भारत लौट आए और जब वे एक भारतीय के मुकदमे की पैरवी हेतु दक्षिण अफ्रीका पहुँचे तो रंगभेद के अन्याय के विरुद्ध इन्होंने सफलतापूर्वक आंदोलन कर अपने सत्याग्रह के सिद्धांत का प्रारंभ किया। भारतीयों के हितों की सुरक्षा एवं बच्चों की शिक्षा के लिए टॉलस्टाय आश्रम की स्थापना की जहां इन्होंने बुनियादी शिक्षा के सिद्धांत का विकास किया। शारीरिक श्रम का सम्मान एवं उत्पादन कार्य की महत्ता इनके शिक्षा सिद्धांत का एक अनिवार्य हिस्सा बन गया। १९१४ तक दक्षिण अफ्रीका में सत्य, अहिंसा, सत्याग्रह, कार्य आधारित शिक्षा जैसे सिद्धांतों का सफलतापूर्वक प्रतिपादन कर वे भारत लौटे। चम्पारण के किसान हों या अहमदाबाद के मिल मजदूर–वंचितों के पक्ष में गाँधी जी लगातार संघर्ष करते रहे। इस दौरान इन्होंने सामाजिक सुधार हेतु अनेक कार्यक्रम चलाए, जैसे–मद्यनिषेध, अस्पृश्यता निवारण आदि। गाँधी जी के संघर्षों एवं रचनात्मक कार्यों के परिणामस्वरूप भारत राजनीतिक–सामाजिक दासता की बेड़ियों को तोड़ने में सफल रहा।

एक विकासशील समाज का लक्षण है कि वह अपने आप को निरंतर बदलते रहता है, अपने परंपरा को पुनर्व्याख्यायित करता है और नवीन विचारों को अपने पैमानों पर कस कर स्वीकारता है। भारतीय समाज ने निरंतर इस प्रक्रिया को स्वीकार किया है। वह एक ओर अपने परंपरागत मूल्यों को आधुनिक संदर्भों में पुनर्व्याख्यायित करता रहा है तो दूसरी ओर वह आधुनिक विमर्शों को भी स्वीकार करता रहा है। महात्मा गाँधी ने अपनी दृष्टि इसी समाज से प्राप्त की थी। तात्कालिक समाज में विद्यमान विभिन्न परंपराओं पर उन्होंने पुनर्विचार का आग्रह किया तो कुछ नवीन परंपराओं को आत्मसात करने का विश्वास भी दिखाया। भारतीय समाज की जिन समस्याओं को उन्होंने दूर करने का प्रयास किया वे कमोबेश आज भी हमारे समक्ष मौजूद हैं। सामाजिक समरसता के विभिन्न पहलुओं को महात्मा गांधी ने अपने विमर्श का विषय बनाया। अपने समस्त विचारों और कार्यों में उन्होंने सामाजिक समरसता के लिए प्रयास किया। सामाजिक समरसता के अपने प्रयास में उन्होंने अपने अभियान को घृणा, निंदा के आधार पर नहीं अपितु सत्याग्रह के आधार पर चलाया। अपने से इतर का सम्मान एवं आपसी संवाद ही उनका मुख्य साधन रहा।

गाँधी जी के सिद्धांत

१. **सत्यः** गाँधी जी ने अपना जीवन सत्य या सच्चाई की व्यापक खोज में समर्पित कर दिया। उन्होंने इस लक्ष्य को प्राप्त करने के लिए अपनी स्वयं की गलतियों और खुद पर प्रयोग करते हुए सीखने की कोशिश की। उन्होंने अपनी आत्मकथा को सत्य के प्रयोग का नाम दिया।

२. **अहिंसाः** हालांकि गाँधीजी अहिसा के सिद्धांत के प्रवर्तक बिल्कुल नहीं थे फिर भी इसे बड़े पैमाने पर राजनीतिक क्षेत्र में इस्तेमाल करने वाले वे पहले व्यक्ति थे। गाँधी जी ने अपनी आत्मकथा में कहते हुए बताया था कि जब मैं निराश होता हूँ तब याद करता हूँ

कि हालांकि इतिहास सत्य का मार्ग होता है किन्तु प्रेम इसे सदैव जीत लेता है। अहिंसा का विज्ञान अकेले ही किसी व्यक्ति को शुद्ध लोकतंत्र के मार्ग की ओर ले जा सकता है। प्रेम पर आधारित शक्ति सजा के डर से उत्पन्न शक्ति से हजार गुना अधिक और स्थायी होती है। शुद्ध अराजकता का निकटतम दृष्टिकोण अहिंसा पर आधारित लोकतंत्र होगा। सम्पूर्ण अहिंसा के आधार पर संगठित और चलने वाला कोई समाज शुद्ध अराजकता वाला समाज होगा। गाँधी जी को पता था कि इस प्रकार के अहिंसा के स्तर को अटूट विश्वास और साहस की जरूरत होगी और इसके लिए उन्होंने महसूस कर लिया था कि यह हर किसी के पास नहीं होता है। उन्हें अहिंसा को अपने पास रखने की जरूरत नहीं हैं खासतौर पर उस समय जब इसे कायरता के संरक्षण के लिए उपयोग किया गया हो इसलिए गाँधी जी ने अपने सत्याग्रह आंदोलन में ऐसे लोगों को दूर ही रखा जो हथियार उठाने से डरते थे अथवा प्रतिरोध करने में स्वयं की अक्षमता का अनुभव करते थे।

३. शाकाहारीः बाल्यावस्था में गाँधी जी को मांस खाने का अनुभव मिला। ऐसा उनकी उत्तराधिकारी जिज्ञासा के कारण ही था। उनकी जन्मभूमि गुजरात में ज्यादातर हिन्दू शाकाहारी ही थे। गाँधी का परिवार भी इससे अछूता नहीं था। पढ़ाई के लिए लंदन जाने से पूर्व अपनी माता एवं चाचा से एक वादा किया था कि वे मांस खाने व शराब पीने तथा संकीर्णता से दूर रहेंगे। उन्होंने अपना वादा रखने के लिए उपवास किए। जैसे–जैसे गाँधी जी वयस्क होते गए वे पूर्णतः शाकाहारी बन गए। गाँधी जी ने लंदन में रहते समय और उसके बाद शाकाहारी भोजन की वकालत करने में काफी समय बिताया। गाँधी जी का कहना था कि शाकाहारी भोजन ना केवल शरीर की जरूरतों को पूरा करता है बल्कि यह आर्थिक प्रयोजन की भी पूर्ति करता है। शाकाहारी होना ब्रह्मचर्य में गहरी प्रतिबद्धता होने की शुरूआती सीढ़ी है। बिना कुल नियंत्रण ब्रह्मचर्य में इनकी सफलता लगभग असफल है।

४. **ब्रह्मचर्यः** गाँधी जी का ३६ वर्ष की उम्र में मन ब्रह्मचर्य की ओर मुड़ने लगा। यह निर्णय ब्रह्मचर्य के दर्शन से पूरी तरह प्रभावित था। गाँधी ने ब्रह्मचर्य को भगवान के करीब आने और अपने को पहचानने के प्राथमिक आधार के रूप में देखा था। उन्होंने महसूस किया कि यह उनका व्यक्तिगत दायित्व है कि उन्हें ब्रह्मचर्य रहना है ताकि वे हवस के बजाए प्रेम की सीख पाएं। गाँधी के लिए ब्रह्मचर्य का अर्थ था "इन्द्रियों के अंतर्गत विचारों, शब्द और कर्म पर नियंत्रण।"

५. **सादगीः** गाँधी जी का मानना था कि अगर एक व्यक्ति समाजसेवा में कार्यरत है तो उसे साधारण जीवन की ओर ही बढ़ना चाहिए जिसे वे ब्रह्मचर्य के लिए आवश्यक मानते थे। उनकी सादगी ने पश्चिमी जीवनशैली को त्यागने पर मजबूर कर दिया। इसे वे खुद को शून्य की स्थिति में लाना कहते हैं। गाँधी सप्ताह में एक दिन मौन धारण करते थे। उन पर यह प्रभाव हिन्दू मौन सिद्धांत का है।

६. **विश्वासः** हिन्दू धर्म इसे जैसा मैंने समझा है, मेरी आत्मा को पूरी तरह तृप्त करता है, मेरे प्राणों को आप्लावित कर देता है, जब संदेह मुझे घेर लेता है, जब निराशा मेरे सम्मुख आ खड़ी होती है, जब क्षितिज पर प्रकाश की एक किरण भी दिखाई नहीं देती, तब मैं भगवद्गीता की शरण में जाता हूँ और उसका कोई न कोई श्लोक मुझे सांत्वना दे जाता है और मैं घोर विषाद के बीच भी तुरंत मुस्कुराने लगता हूँ। मेरे जीवन में अनेक बाह्य त्रासदियां घटी हैं और यदि उन्होंने मेरे ऊपर कोई प्रत्यक्ष या अमिट प्रभाव नहीं छोड़ा है तो मैं इसका श्रेय 'भगवद्गीता' के उपदेशों को देता हूँ। गाँधी का मानना था कि प्रत्येक धर्म के मूल में सत्य और प्रेम होता है। हम सबका ईश्वर एक ही है। ढोंग, कुप्रथा आदि पर भी उन्होंने सभी धर्मों के सिद्धांतों के प्रति सवालिया रूख अख्तियार किया। वे एक अथक समाज सुधारक थे।

महात्मा गाँधी एक युगपुरुष थे। उन्होंने जहाँ एक ओर भारतवासियों में स्वाधीनता की भावना जागृत की, वहीं उनके सामाजिक जीवन को

भी प्रभावित किया तथा साहित्यकारों के भी प्रेरणास्रोत बने। गाँधी कोई दार्शनिक नहीं थे, वे एक सच्चे विचारक एवं संत थे। उनका सारा जीवन कर्ममय था। व्यक्तिगत साधना में उनका विश्वास था। उनका ईश्वर और प्रार्थना पर अटूट विश्वास था। उनकी व्यक्तिगत मान्यता थी कि प्रार्थना के द्वारा हम अपने जीवन में आने वाली सभी कठिनाइयों का दृढ़तापूर्वक सामना कर सकते हैं क्योंकि सच्ची प्रार्थना कभी व्यर्थ नहीं जाती। मूर्ति पूजा में भी उनका यकीन था लेकिन वे अंधविश्वास और पाखंड के खिलाफ थे। गाँधीजी ने जीवनपर्यंत सत्य को सर्वोपरि माना।

निष्कर्षतः यह कहा जा सकता है कि महात्मा गाँधी ने राजनीति, समाज, अर्थ, धर्म के क्षेत्र में आदर्श स्थापित किए। उसी के अनुरूप उन्होंने लक्ष्य प्राप्ति के लिए स्वयं को समर्पित ही नहीं किया बल्कि देश के जनमानस को भी प्रेरित किया। उनकी जीवनदृष्टि भारत ही नहीं संपूर्ण विश्व के कल्याण का मार्ग प्रशस्त करती है।

इस प्रकार हम कह सकते हैं कि विश्व जिस विनाश के ज्वालामुखी पर खड़ा है उससे केवल गाँधी ही बचा सकते हैं। उनकी क्षमता से प्रभावित होकर लार्ड माउंटबेटन ने कहा था जो काम पचास हजार हथियारबंद सेना नहीं कर सकी वो गाँधी जी ने कर दिया। वे अकेले ही एक पूरी सेना हैं। श्रीमन् नारायण के शब्दों में आज के मानव के सभी दुखों को दूर करने की एकमात्र रामबाण औषधि गाँधी दर्शन है।

विश्व के इतिहास में बहुत कम ऐसे व्यक्तित्व हुए जिन्होंने मानवता पर अपनी एक अलग छाप छोड़ी है, उसमें एक है महात्मा गाँधी। उनका जीवन बड़ा ही सरल, सादा एवं कठोर नियमों से बंधा हुआ था। उनका जीवन प्रयोगों की एक निरंतर कडी था। नैतिकता के प्रयोग का सबसे उत्कृष्ट उदाहरण ब्रिटिश दासता से भारत की आजादी पर उनके द्वारा किया गया नवीन एवं अनोखा प्रयोग है। नैतिकता संपूर्ण सामाजिक प्रगति का सार है। जिस प्रकार से मानवीय समाज का अध्ययन किए बिना नीतिशास्त्र का ज्ञान अपर्याप्त है उसी

प्रकार नीतिशास्त्र को सामाजिक दर्शन का एक स्वतंत्र भाग नहीं माना जा सकता। गाँधी जी ने स्वयं कहा कि मेरा कोई भी कार्य जो आध्यात्मिकता का दावा करे लेकिन अव्यवहारिक सिद्ध हो जाता है तो उसे असफल घोषित कर दिया जाना चाहिए। भेदभाव का मुकाबला करने के लिए गाँधी जी के पास सत्य की शक्ति थी जिसके कारण ईश्वर पर उनका विश्वास अटूट होता गया और उन्होंने आजीवन सत्य और अहिंसा के अतिरिक्त किसी अन्य विचार और कार्य का समर्थन नहीं किया। सत्य और अहिंसा को गाँधी जी ने स्वयं में ईश्वर का रूप बतलाया है और दोनों को ही साध्य एवं साधन माना है। अहिंसा सामाजिक जीवन में प्रेम की पहली पहल अभिव्यक्ति है। गाँधी जी ने स्वयं यह स्वीकार किया है कि मैंने सत्य की खोज में अहिंसा को प्राप्त किया है। इस तरह व्यक्ति को शरीर के साथ मन से भी अहिंसक होना चाहिए। अहिंसा का पालन करते हुए व्यक्ति आत्मशुद्धि कर लेता है तब उसका अंतःकरण सत्य का दर्पण बन जाता है और शुद्ध अंतःकरण ही ईश्वर का मंदिर है। गाँधी जी ने व्रत और प्रार्थना को आत्मशुद्धि की प्रक्रिया का सबसे उत्कृष्ट साधन बताया है। इस तरह गाँधी जी ने अहिंसा को व्यक्तियों के परस्पर संबंधों से निकालकर इसे परिस्कृत किया और इसे एक प्रभावशाली सामाजिक शक्ति के रूप में प्रस्तुत किया है। परिणामतः गाँधी जी ने व्यक्ति के साथ संपूर्ण समाज को भी नैतिक बनाने का प्रयास किया और अहिंसा आधारित सभ्यता के निर्माण का विचार प्रस्तुत किया।

गाँधीजी ने स्वयं कहा है कि पृथ्वी का सूक्ष्मतम प्राणी भी ईश्वर का प्रतिरूप होने के कारण तुम्हारे प्यार का अधिकारी है। जो अपने साथ जीवन बिताने वाले मनुष्यों से प्यार करता है वही ईश्वर से प्यार करता है। अहिंसा का सकारात्मक अर्थ पृथ्वी के सभी प्राणियों से प्रेम है क्योंकि उदार चरित्र वालों के लिए संपूर्ण पृथ्वी ही कुटुंब के समान है। यथाः–

अयं निजः परोवेति, गणनां लघु चेतसाम्।
"उदारचरितानां तु, वसुधैव कुटुम्बकम्"।।

तत्कालीन विश्व समाज जो सभी समस्याओं के समाधान हेतु विज्ञान एवं तकनीक पर अत्यधिक निर्भर होता जा रहा है, पर महात्मा गाँधी अत्यधिक चिंतित दिखाई देते हैं। विज्ञान एवं तकनीकी के अंधाधुंध प्रयोग ने समाज में दुःख, कष्ट व गरीबी द्वारा व्यक्ति के शोषण को अमानवीय रूप में बढ़ाया है, अतः इस प्रकार का शोषण ना केवल गरिमाहीन व अमानवीय है बल्कि अनैतिक भी है जिसका परित्याग आवश्यक है।

भारत एक महान देश है, यहाँ का इतिहास बेहद गौरवशाली रहा है, यह अपने अंदर अनेक संस्कृतियाँ समेटे हुए है जिसने इसे विश्व की सबसे समृद्ध संस्कृति वाला देश बनाया है। यह देश उन वीरों की कर्मभूमि भी रही है जिन्होंने अपने प्राणों की परवाह किए बिना इस देश के लिए कार्य किए। अपने वतन के लिए, अपने बंधुओं के लिए प्राणों की बलि देने से भी हमारे वीर कभी पीछे नहीं हटे, उसी पावन श्रृंखला में महात्मा गाँधी का भी नाम इतिहास में स्वर्णाक्षरों में अंकित है और उनके कार्यों की अमिट छाप जनमानस पर आज तक दिखाई देती है। वास्तव में उन्होंने अपना संपूर्ण जीवन मानवता के उत्थान, वसुधा के कल्याण एवं नरसेवा नारायण सेवा को ही समर्पित कर दिया। जीवन भर हँसते–मुस्कुराते तिल–तिल दीपक की भाँति जलकर दूसरों को प्रकाश देते रहे और स्वयं विष रूपी अंधेरे का शिवशंकर बनकर पान करते रहे। वे समरसता के सच्चे पुजारी, अनाथों के नाथ, दीन–दुखियों के दीनबंधु, अपाहिजों की वैशाखी, मूक–बधिरों की वाणी एवं स्वर बनकर जिए और इसी पावन, निःस्वार्थ, निस्काम, निरपेक्ष कर्मरूपणी भगीरथी में अपना संपूर्ण जीवन, मानवता के श्री चरणों में ब्रह्मलीन कर गए। आज भी उनकी मूक स्मृतियाँ पथ का पथप्रदर्शक बनकर समस्त कर्मयोगियों, समरसता के उपासकों को पग–पग पर संभलकर चलने की संवेदनायुक्त प्रेरणा देती हैं। संपूर्ण वसुधा उनके द्वारा किए गए कार्यों की अश्रुपूरित चिरऋणी रहेगी।

१२

डॉ. भीमराव आम्बेडकर (बाबा साहब)

"कोई समुदाय स्वयं को केवल तभी गतिमान रख सकता है जब वह राजसत्ता पर अपना नियंत्रणकारी प्रभाव रख सकने लायक हो। राज्य सत्ता पर नियंत्रणकारी प्रभाव रखकर गागुली से मामूली जनसंख्या वाला अल्पमत समुदाय भी किस तरह समाज में अपनी सर्वोच्च हैसियत बरकरार रख सकता है, भारत में ब्राह्मणों की वर्चस्वपूर्ण स्थिति इसकी जीती जागती मिसाल है। राज्यसत्ता पर नियंत्रणकारी प्रभाव निहायत जरूरी है क्योंकि इसके बिना राज्य की नीति को एक

दिशा देना संभव नहीं है, पर प्रगति का सारा दारोमदार तो राज्य की नीति पर ही होता है।''

महात्मा ज्योतिबा के देहांत के पांच साल बाद सन् १४ अप्रैल १८९१ में भीमराव का जन्म हुआ। भले ही संयोग मान लिया जाए इतना तो साफ ही है कि समता, बधुंता और अन्याय की यह मशाल नई पीढ़ी के लिए भीमराव ने ही संभाली और ज्योतिबा की भविष्यवाणी को भी साकार किया। अर्थात भीमराव पर जिस महापुरुष के जीवन कार्य का प्रभाव सबसे अधिक पड़ा, वे थे महात्मा फुले। भीमराव को तो अछूतों का उद्धारक बनना था और नियति ने भी उन्हें अछूत समस्या रूपी फोड़े के इलाज का ही काम सौंपा।

भीमराव का जन्म रत्नागिरि जिले की आंबडवे गांव की एक बड़ी ही दीन–हीन जानी जाने वाली महार जाति में हुआ था। भीमराव के पितामह श्री मालो जी सकपाल थे। इनके पुत्र श्री रामजी और पुत्रवधू श्रीमती भीमाबाई यानी भीमराव के माता–पिता जी पक्के ईश्वर भक्त थे। श्री राम जी ब्रिटिश फौज में सूबेदार थे और भीमाबाई का मायका थाबा जिले के मुरवड गांव में था। भीमाबाई के पिताजी भी सूबेदार थे। सेना में नौकरी के कारण ही श्री राम जी महू (म॰ प्र॰) आये और वहां रहने लगे। पिता के सूबेदार होने के कारण महार जाति में पैदा होने के बावजूद आर्थिक दृष्टि से वैसा भूखा, नंगा, कुपोषित बचपन भीमराव को नहीं मिला था।

सतारा में स्कूली शिक्षा पूरी होने के बाद भीमराव एक दिन अपने पिता जी से भेंट हेतु अपने बड़े भाई और भतीजे को साथ लेकर चल दिये। उन दिनों उनके पिताजी गोरेगाँव में खजांची के पद पर कार्यरत थे। जब वे तीनों स्टेशन पर उतरे और वहां पिता जी को न पाने पर स्टेशन मास्टर की सहायता से एक बैलगाड़ी किराये पर ली और चल दिये। वह बैलगाड़ी वाला सवर्ण जाति का था। रास्ते में जब बैलगाड़ी वाले ने पूछताछ की तो पता चलने पर कि वे महार जाति के हैं, उसने

इनको बुरी तरह से फटकारा और रोकडी और जुआं उतार दिया। और वह बैलगाड़ी वाला उन सब को भरपूर कोसे जा रहा था कि उनके बैठने से उसकी बैलगाड़ी अपवित्र हो गयी थी। उसे अब न केवल बैलगाड़ी वरन बैलों को नहलाना होगा। रात्रि होने वाली थी। फिर इन्होंने उस बैलगाड़ी वाले से हाथ जोड़कर विनती की। काफी आरजू–मिन्नत के बाद आखिरकार वह बैलगाड़ी वाला दुगुने किराये पर चलने को तैयार हो गया। परन्तु उसने एक शर्त रखी कि वह महार जाति के इन लोगों को दुबारा स्पर्श नहीं करेगा इसलिए गाड़ी हांकने का काम कोई और करे तब भीमराव के बड़े भाई ने बैलों की रास संभाली और वह गाड़ी वाला पीछे–पीछे पैदल चलने लगा।

बालक भीमराव मन ही मन सोच रहा था कि महार जाति में जन्म लेना क्या इतना बड़ा पाप है या अपराध है। आखिर ये लोग हमें इतनी नफरत भरी नजरों से देखते क्यों है? ऐसे ही विचारों की उधेड़बुन में राह में भीमराव को प्यास लगी। उसने अपने बड़े भईया से कहा, तब भइया ने बड़ी ही लाचारी में उत्तर दिया कि रास्ते में पड़ने वाले गांवों, घरों एवं कुओं से पानी नहीं मिल सकता है क्योंकि अछूतों को पानी पीने की मनाही है। अर्थात पशुओं के लिए पानी पीने के जो हौद होते हैं या जलाशय होते हैं उन पर ही अछूतों को प्यास बुझाने की अनुमति है। ऐसी बातें सुनकर बालक भीमराव मन ही मन दुखी हुआ और उसके मन पर रोषपूर्ण उदासी ने डेरा जमा लिया। धीरे–धीरे इसी उधेड़बुन में भीमराव गोरेगांव पहुंच गये। घर पहुंचकर भीमराव ने मार्ग में हुये अपमान की सारी घटना पिताजी को बताई और तब पिता जी ने भीमराव से कहा कि यह सब बातें अपनी बुआ को बताना जो रात–दिन राम भजन में लगी रहती हैं। ऐसा कहकर वे टाल गये। किन्तु बालक मन ही मन में बार–बार यह सोच रहा था कि हमारे साथ ऐसा अन्याय क्यों होता है जबकि देवी–देवता, वार, त्यौहार

आदि सब एक ही हैं और नाम से भी हिन्दू ही हैं फिर ऐसा भेदभाव क्यों? ऐसी ही कुछ मानसिक उलझनों में भीमराव ने मन ही मन निश्चय किया कि अब वह खूब पढ़ेगा और इसी घटना ने भीमराव के जीवन को नई दिशा प्रदान कर दी। उन्होंने मन से यह तय कर लिया कि अपने पैरों पर खड़े होना है तो जमकर पढ़ाई करनी होगी अर्थात उसकी मनोरचना में बड़ा ही परिवर्तन आया। उन्होंने ऐशो आराम और पारिवारिक स्वार्थ को लात मार कर लक्ष्य पूर्ति को सर्वस्व माना। इसलिए पेट पालने की शिक्षा उन्हें आकर्षित नहीं कर पायी और न ही कोरी गाल बजाने वाली विद्या ही उन्हें संतुष्ट कर पायी। जीवन में निजी और पारिवारिक आवश्यकताओं के लिए कभी भी वे किसी के सामने हाथ पसार कर खड़े नहीं हुए। असल में उन्हें जीवन–यापन के लिए स्वावलंबन का मार्ग निमंत्रण दे रहा था।

भीमराव ने करूण कलित अंतःकरण से लिखा था कि भारत विषमताओं का घर बना हुआ है। हिन्दू समाज उस बहुमंजिली इमारत की तरह है जिसमें न भीतर जाने के लिए सीढ़ियां और न ही बाहर आने के लिए दरवाजा है। अर्थात जो जहां जन्मा है उसे वहीं समाप्त हो जाना है। मुझे उन पंडितों की बुद्धि पर दया आती है जो एक ओर ज्ञान बघारते हुए कहते हैं कि पशुओं और जड़ तत्व में एक ही ब्रह्मत्व विद्यमान है परन्तु दूसरी ओर यह भी कहते हैं कि कुछ लोग जो उनके सहधर्मी हैं, उसी समाज के अंग है, छूने योग्य तक नहीं हैं। कितने दुख की बात है कि जिन्हें ज्ञान और शिक्षा का प्रसार करना चाहिए वे ही सत्ता, प्रतिष्ठा, धर्म–कर्म पर एकाधिकार किये बैठे हैं।

अर्थात शिक्षा और अधिकार के अभाव में अछूत जातियाँ पिछड़ गई हैं, अतः गरीबी, अज्ञानता, गुलामी को दूर करने के लिए या हटाने के लिए उन्हें शिक्षित और जागरुक बनाना होगा क्योंकि केवल स्वराज्य पा लेना ही पर्याप्त नहीं है, समतापूर्ण स्वराज्य ही सच्चा स्वराज्य है।

इन्हीं सब बातों को ध्यान में रखकर भीमराव ने अपने कार्य में सफल होने के लिए दृढ़ संकल्प लिया था। इसलिए उन्होंने आगे वैसे ही कदम उठाये।

सामाजिक परिवर्तन के मोर्चे पर भीमराव ने मुंबई आकर भावी रणनीति का जायजा लिया। उनके सामने लक्ष्य महान था। राष्ट्र जीवन से संलग्न भिन्न–भिन्न विषय, जागतिक जीवन का विचार, भाव–धाराओं और ज्ञान के अन्याय आदि पहलुओं के गंभीर अध्ययन द्वारा भेदभाव–रहित समतामूलक हिन्दू समाज का आदर्श चरितार्थ करने का आह्वान उन्हें झकझोर रहा था।

भीमराव को अब अपने कार्य के लिए योग्य ढांचा खड़ा करना था। अछूतों की संस्था स्थापित करने की आवश्यकता उपस्थित हुई थी। अतः बीस जुलाई १९२४ को बहिष्कृत हितकारणी सभा नामक संस्था का पंजीकरण करवाया गया। भीमराव के आह्वान पर अछूत वर्ग के कार्यकर्ताओं में असंतोष घुमड़ रहा था फलस्वरुप स्थान–स्थान पर लोगों की छोटी–बड़ी प्रतिक्रियायें भीमराव के पास मुंबई पहुंच रही थीं।

अब तो कुछ ही दिनों में सभा के कार्यकर्ताओं ने चुनौती को स्वीकार कर दूर देश में दलितोत्थान के लिए सम्मेलनों का निर्णय लिया और पूरे समाज का आह्वान किया गया कि अपने सहधर्मी अछूत भाइयों को सभी मानवीय अधिकार प्राप्त करा देने की जिम्मेवारी समूचे हिन्दू समाज की है। छुआछूत की निंदा और उसकी समाप्ति केवल समय की मांग समझ कर नहीं वरन सच्चे धर्म की आज्ञा मान कर की जानी चाहिए।

समाज में स्पृश्य और अस्पृश्य को एकजुट रहना है। इन्हें एकजुट रखने की ताकत केवल आपसी प्यार में ही है। अछूतोद्धार केवल तभी हो सकेगा जब सनातनी हिन्दू को यह सोचने के लिए प्रेरित किया जाये और ऐसा अनुभव करने के लिए मजबूर किया जाये कि उसे अभी तक चली आई अपनी रीति–नीति में बदल करना ही होगा।

परिणामतः दलित वर्ग के अधिकारों के लिए महात्मा गांधी द्वारा हरिजन सेवक संघ की स्थापना की गई और ठक्कर वापा जैसों के द्वारा पाली–पोसी गई, जिसने इन सभी के हितों के लिए समाजव्यापी आन्दोलन प्रारंभ किये और कहा कि दलितों के नागरिक अधिकारों का यह आन्दोलन सफल करना है तो हरिजन सेवक संघ को *"गांव गांव में"* कार्यकर्ताओं की फौज खड़ी करनी पड़ेगी। ये कार्यकर्ता दलित वर्ग को अधिकारों के लिए जूझने की ताकत देंगे। उन्हें संघर्ष के लिए उत्साहित करेंगे। अंततः संघ को आह्वान किया कि यह कार्य भाड़े के कार्यकर्ता नहीं कर पायेंगे इसलिए इस फौज में दलित वर्ग से ही नौजवान चुने जायें क्योंकि ये लोग छुआछूत के प्रत्यक्ष भोगी होने के कारण इस कार्य से सच्चा प्यार कर सकेंगे।

डा. भीमराव सामाजिक परिवर्तन के लिए समाज को पूरी ताकत से झकझोरने के हिमायती थे। वे भी हरिजन सेवक संघ को बढ़ता देखना चाहते थे इसलिए भीमराव ने इस संघ के लिए भी कुछ समय देना स्वीकार किया और कहा कि यदि अस्पृश्यता पाप है तो यह घोर अनैतिक प्रथा है। अतः इसे बिना किसी झिझक के समाप्त कर देना चाहिए।

अतः उद्धार का तो तरीका ही केवल अच्छी शिक्षा प्रदान करना, रोजगार में बराबर हिस्सा देना, रोजी रोटी के नये तरीके प्राप्त कराना आदि है। चाहे सवर्ण मन्दिर के दरवाजे खोलें या न खोलें, यह विषय उनके विचार करने का है। मैं इस बारे में कोई आन्दोलन नहीं करना चाहता, पर इतना साफ है कि यदि हिन्दू धर्म को अछूतों का धर्म भी बनना है तो इसे सामाजिक समता का धर्म बनना होगा और यदि सामाजिक समता का धर्म बनना है तो केवल मन्दिर में प्रवेश देने की अनुमति से काम नहीं चलेगा। चातुर्वर्ण्य से उपजी चिंतन प्रणाली को पूरी तरह से धो डालना होगा। यह चातुर्वर्ण्य ही सब प्रकार के भेदभावों की जड़ है।

हमें अपना रास्ता स्वयं बनाना होगा और स्वयं राजनीतिक शक्ति, शोषितों की समस्या का निवारण नहीं हो सकता, उनका उद्धार समाज में उनका उचित स्थान पाने में निहित है। उनको अपने रहने का पूरा तरीका बदलना होगा। उनको शिक्षित होना चाहिए। एक बड़ी आवश्यकता उनकी हीनता की भावना को झकझोरने और उनके अंदर उस दैवीय असंतोष की स्थापना करने की है जो सभी ऊँचाईयों का स्रोत है।

''हालांकि मैं एक अछूत हिन्दू के रूप में पैदा हुआ हूँ लेकिन मैं एक हिन्दू के रूप में हरगिज नहीं मरूँगा।''

डा. भीमराव के अथक प्रयासों से सम्पूर्ण दलितों में एक नव चैतन्य जाग्रत हुआ लेकिन रुढ़िवादी हिन्दुओं की ओर से गहरी निराशा हाथ लगी। इसके बावजूद भी या असंगत दुराग्रही कहलाने के बाद भी भीमराव ने लगभग ६ करोड़ दलित वर्ग को मुस्लिम अथवा ईसाई षडयंत्र का शिकार नहीं होने दिया, वरन् हिन्दू धर्म की ही शाखा बौद्ध धर्म में प्रवेश लिया।

डा० भीमराव आम्बेडकर जी ने अंतिम भाषण करते समय अपने कार्यकर्ताओं को कहा था कि साथियों मैं गरीबी में और गरीब मजदूरों के बीच पला–बढ़ा और उन्हीं के बीच फटे टाट के चीथड़ों में गीली जमीन पर सोने का अवसर मुझे मिला। इनके दुख दर्द मैंने झेले हैं। अतः आप कभी ऐसा नहीं समझना कि मैं बदल जाऊंगा। मैं आपको वचन देता हूँ कि अपने मित्रों– सहयोगियों के साथ और सारी दुनिया से व्यवहार करते समय वैसा ही रहूंगा। जैसा मुझे अभी तक आपने पाया है। दिल्ली में मेरे दरवाजे आप सभी के लिए हमेशा खुले मिलेंगे।

''अम्बेडकरवाद'' अम्बेडकर की विचारधारा तथा दर्शन है। स्वतंत्रता, समानता, भाईचारा, बौद्ध धर्म, विज्ञानवाद, मानवतावाद, सत्य, अहिंसा आदि के विषय अंबेडकरवाद के सिद्धांत हैं। अस्पृश्यता को नष्ट करना, दलितों में सामाजिक सुधार, भारत में बौद्ध धर्म का प्रचार व

प्रसार, भारतीय संविधान में निहित मौलिक हकों की रक्षा करना, एक नैतिक तथा जातिमुक्त समाज की रचना और भारत देश की प्रगति, आदि ये प्रमुख उद्देश्य शामिल हैं।

डॉ० भीमराव आम्बेडकर जिस मिट्टी के बने थे वह फौलादी इच्छाशक्ति वाली थी। लोग साथ दें तो सहर्ष साथ लेते हुए और उदासीन हों तो उनकी लेशमात्र परवाह न करते हुए जलाहत विद्युत अग्नि के समान, विपत्ति और उपेक्षा में भी जो कड़कड़ाते आवेश के साथ सम्पूर्ण आकाश को ज्योतित कर देने का दमखम रखते हैं वही सफलता का वरण करते हैं और महापुरुष नाम से अभिषिक्त होकर पीढ़ियां दर पीढ़ियां मार्गदर्शन करते रहते हैं। ६ दिसम्बर १९५६ ई. को ब्रह्मलीन होने के बाद भी डा० भीमराव आम्बेडकर सार्वभौम स्वतंत्र भारत के चिर विकासमान प्रजातंत्र की आधारशिला बने रहकर सदा स्मरण किये जाते रहेंगे।

१३

द्वितीय–सरसंघचालक श्री माधव सदाशिव गोलवलकर (श्री गुरू जी)

"हिन्दवः सोदराः सर्वे, न हिन्दूः पतितो भवेत्।
मम दीक्षा हिन्दूरक्षा, मम मंत्रः समानता।।"

अर्थ–सब हिन्दू भारत माता की संतान होने से सहोदर हैं। इसलिए कोई हिन्दू पतित नहीं हो सकता है। हमने समानता का मंत्र लेकर हिन्दू रक्षा की दीक्षा ली है।

बालासाहब देवरस जी ने कहा था– ''अगर छुआछूत पाप नहीं है तो कोई कृत्य पाप नहीं''

कई लोग ऐसे होते हैं जिन्हें धनी और कीर्तिमान परिवारों में जन्म लेने के कारण जन्मतः महानता का परिवेश प्राप्त होता है। संघ के प्रथम तीन सरसंघचालकों के घरानों को इस प्रकार के महानता की प्रवाह भूमि प्राप्त नहीं थी। श्री गुरूजी मूलतया कोंकण के गोलवली नामक गांव के पाहये घराने के थे। पाहये अर्थात, पुरोहिती व्यवसाय से संबद्ध। यह घराना कोंकण से प्रथम पैठण आया और बाद में नागपुर स्थानांतरित हुआ। श्री गुरूजी के पितामह श्री बालकृष्ण पंत नागपुर आये। इस स्थानांतरण से उनका पुरोहिती व्यवसाय से संबंध टूट गया इसलिए गोलवलकर पाहये से केवल गोलवलकर नाम ही शेष रहा। श्री गुरूजी के पिता श्री सदाशिव राव को बचपन से ही पितृ–वियोग का आघात सहन करना पड़ा। अतः शिक्षा अधूरी छोड़कर आजीविका चलाने हेतु नौकरी करने के लिए उन्हें बाध्य होना पड़ा। अनेक वर्षों तक दरिद्रता में गृहस्थी चलाने की यातना का उन्हें सामना करना पड़ा। नागपुर के निकट कामठी में ही श्री गुरू जी के पिता श्री सदाशिव राव को डाक तार विभाग में नौकरी मिली। श्री गुरू जी की माता जी नागपुर के ही रायकर घराने की थीं, नाम था लक्ष्मीबाई। व्यवहार में श्री सदाशिवराव को भाऊ जी और श्रीमती लक्ष्मीबाई को ताई जी के नाम से संबोधित किया जाता था। ताई–भाऊ दम्पत्ति को कुल चार पुत्र रत्न प्राप्त हुए। किन्तु प्रथम दो पुत्र एक–एक वर्ष की आयु में ही काल के ग्रास बने। जब तीसरा पुत्र हुआ तो उसका नाम अमृत रखा गया। किन्तु अमृत भी आयु के पन्द्रहवें साल में सन्निपात का शिकार होकर काल का ग्रास बना।

श्री गुरूजी अपने माता–पिता की चौथी संतान के रुप में जन्मे। उनका जन्म फाल्गुन कृष्ण एकादशी (विजया एकादशी) विक्रम संवत १९६२ तथा आंग्ल तिथि १९ फरवरी १९०६ को तड़के साढ़े चार बजे नागपुर के ही श्री रायकर के घर में हुआ। उनका नाम माधव रखा गया परन्तु परिवार के सारे लोग उन्हें मधु नाम से ही संबोधित करते थे। बचपन में उनका यही नाम प्रचलित था। ताई–भाऊ की कुल नौ संताने हुई थीं। उनमें केवल मधु ही बचा रहा और अपने माता–पिता की आशा का केन्द्र बना। मधु जब केवल दो वर्ष का था तभी उनके पिता श्री सदाशिव राव ने डाक- तार विभाग की नौकरी छोड़कर शिक्षक का पेशा अपनाया। अध्यापक की यह नौकरी छत्तीसगढ़ के सरायपाली नामक देहात में मिली। सरायपाली ग्राम रायपुर से ९० मील और रायगढ़ से ६० मील की दूरी पर है। उन दिनों यातायात का कोई साधन न होने से ऐसे स्थानों पर जाने के लिए पैदल चलकर या तो घोड़े पर जाना होता था। ऐसे क्षेत्र में मधु को जीवन बिताना पड़ा था। मधु जब दो वर्ष का था तभी से उसकी शिक्षा प्रारंभ हो गई। भाऊ पढ़ाते और मधु उसे आसानी से कंठस्थ करता जाता। उस सारे ज्ञान भण्डार का लाभ उत्कृष्ट स्मरण क्षमता वाले मधु ने उठाया।

बालक माधव बहुत बुद्धिमान एवं होनहार था। बाल्य काल में अच्छे सस्कारों के कारण वे दृढ़ निश्चयी, परोपकारी और भावनाशील थे। जब माधव ग्यारह वर्ष के हुए तब उन्होंने गंगा नदी के तट पर विद्यार्थियों के एक विराट सम्मेलन में आयोजित भाषण प्रतियोगिता में भाग लिया तथा प्रथम रहे। कार्यक्रम अध्यक्ष बैरिस्टर बूलानपा ने उनकी बहुत प्रशंसा की। घर में उन्हें अच्छे संस्कार तथा अध्ययन के अनुकूल वातावरण मिला। छोटी अवस्था में ही वे हिन्दी, मराठी व अंग्रेजी उपन्यास न केवल पढ़ते थे बल्कि उनका मनन करके पात्र के साथ समरस हो जाते थे। बारह वर्ष की आयु में ही रामचरितमानस का अध्ययन कर लिया था तथा अनेक चौपाइयाँ, दोहे, तथा छन्द कंठस्थ कर लिये थे।

मधु के बाल्यकाल की अनेक विधि घटनायें इस बात का विश्वास दिलाती हैं कि मधु में कुशाग्र बुद्धि, ज्ञान की लालसा, असामान्य स्मरण शक्ति, अन्यों के दुख–दर्दों के निवारणार्थ जूझने की वृत्ति, सहनशीलता की पराकाष्ठा, निरहंकारिता और मन की निर्मलता जैसे गुणों का समुच्चय बचपन से ही विकसित हो रहा था। प्रत्येक गुण का आकर्षण व सीखने की तीव्र अभिरुचि भी मधु में दिखलायी पड़ती थी।

"होनहार बिरवान के होत चिकने पात" की कहावत श्री गुरू जी पर अक्षरशः घटित होती है। बचपन से ही वे प्रतिभा सम्पन्न थे। कुशाग्र बुद्धि, ज्ञान की ललक, असाधारण स्मृति, परदुख कातरता, सहनशीलता, निरभिमानता, मन की निर्मलता, निष्कपटता आदि गुणों का परिचय बचपन से ही मिलने लगा था।

श्री गुरूजी ने पढ़ाई के अतिरिक्त क्रीड़ा क्षेत्र में भी विलक्षणता का परिचय दिया। सहपाठी उनके इस गुण की भूरि–भूरि प्रशंसा करते थे। संगीत विशेषतः वंशी वादन में भी उनकी निपुणता सराहनीय थी।

बालक माधव नित्य नियम से प्रभात वेला में सूर्य नमस्कार करते थे तथा सांय काल हॉकी खेलते थे। सन् १९२२ मे वें चांदा हाई स्कूल में पढ़ते थे। वहीं से उन्होंने मैट्रिक की परीक्षा प्रथम श्रेणी से उत्तीर्ण की। बाद में उन्होंने इंटर साइंस के अध्ययन हेतु पूना के प्रसिद्ध फर्ग्युसन कालेज में प्रवेश लिया। उस समय वहां नियम था कि अन्य प्रांत के विद्यार्थी को वहां प्रवेश नहीं मिल सकता। अतः उनका प्रवेश वहां से निरस्त कर दिया गया। तत्पश्चात नागपुर के हिस्लाप कालेज में प्रवेश लिया।

विज्ञान के छात्र होने पर भी संस्कृत महाकाव्यों, पाश्चात्य धर्मशास्त्रों एवं दर्शन शास्त्रों, संतो एवं महापुरुषों के जीवन एवं विचार संबंधी वाङमय का सांगो पांग अध्ययन करते रहते थे।

बाल्यकाल से ही मेधावी रहे माधवराव नागपुर विश्वविद्यालय के हिस्लाप कालेज से स्नातक हुए। तत्पश्चात वाराणसी हिन्दू

विश्वविद्यालय से एम एस सी की परीक्षा प्रथम श्रेणी में उतीर्ण की। इस अवधि में वे उस काल के प्रसिद्ध नेता और विश्वविद्यालय के संस्थापक महामना पंडित मदनमोहन मालवीय जी के प्रेरणास्पद व्यक्तित्व से प्रभावित हुए। बाद में वे दो वर्षों तक वहीं अध्यापक रहे। उनके प्रिय शिष्यगण आदर से उन्हें श्री गुरू जी कहने लगे और यही उपनाम आगे भी उनसे जुड़ा रहा। जब वे अध्यापक थे तभी अपने एक छात्र प्रभाकर बलवंत दाणी (भैय्या जी) की प्रेरणा से (जो आगे चलकर संघ के सरकार्यवाह बने), वे संघ में प्रविष्ट हुए।

माता के विवाह संबंधी प्रस्ताव को न मानते हुए गोलवलकर वंश के एक मात्र दीपक श्री गुरूजी ने उत्तर दिया तू मुझसे वंश खंडित होने की बात मत कह। यदि मुझ जैसे अनेकों के वंश न होकर भी समाज का भला होता हो तो वह भी ऐसी परिस्थिति में आवश्यक है। फिर माता– पिता ने विवाह की बात नहीं चलाई। आध्यात्मिकता की ओर गुरू जी का रुझान दिनों–दिन बढ़ता गया। सर्वप्रथम झुकाव नागपुर के धन्तोली के रामकृष्ण आश्रम की ओर हुआ। आश्रम के स्वामी भास्करेश्वरानंद के साथ अति निकट का संबंध स्थापित हो गया था। श्री गुरूजी का अधिकांश समय उक्त आश्रम में ही व्यतीत होने लगा। आश्रम में चितंन–मनन, ध्यान–धारणा आदि के प्रति आकर्षण दिन–प्रतिदिन बढ़ने लगा। किसी समर्थ सद्गुरू की तलाश के लिए दिन–रात व्यग्र रहा करते थे। नागपुर आश्रम के स्वामी अमृतानंद के परामर्श से सारगाछी (मुर्शिदाबाद) में स्वामी अखंडानंद जी के पास गये। जब श्री गुरूजी ने आश्रम में प्रवेश किया तो आत्मसाक्षात्कार की धुन में सारी बाहरी दुनिया को भूल गये। सद्गुरू की सेवा और आध्यत्मिक साधना में लीन हो गये। आश्रम और स्वामी जी की छोटी से छोटी सेवा से लेकर बड़ी से बड़ी सेवा का समस्त कार्य तन्मयता से करते थे। स्वामी अखंडानंद जी की कसौटी पर श्री गुरू जी खरे निकले। स्वामी जी की बीमारी में रात–रात भर जाग कर उनकी सेवा करते थे।

अखंडानंद जी के देह परित्याग के बाद कुछ दिन सारगाछी आश्रम में व्यतीत कर श्री गुरू जी की इच्छा हुई कि बेलूर मठ में निवास करने के लिए जाया जाये। पर श्री अमिताभ महाराज ने उन्हें यह रहस्य बताकर मना कर दिया कि बाबा (अंखडानंद) का आदेश था कि श्री गुरू जी को राम कृष्ण मिशन में नही रहना है। उन्हें डा. हेडगेवार के साथ राष्ट्र की सेवा करनी है। इस विचार से अमिताभ जी ने उन्हें पुनः नागपुर पहुंचा दिया।

सारगाछी से नागपुर आने पर श्री गुरू जी सदा उदास रहा करते थे। भावी जीवन के भविष्य में विचार मंथन चल रहा था। आध्यात्मिक सुख का रस जिसने चख लिया उसे दूसरा कुछ कैसे अच्छा लगेगा। किन्तु सद्‌गुरू की आज्ञा के कारण मन उद्विग्न रहने लगा। यद्यपि डा हेडगेवार के साथ सम्पर्क १९३१ से ही था, संघ कार्य भी निकट से देखने का अवसर मिला था। राष्ट्र के समक्ष खड़ी चुनौतियों से भी वे रूबरू थे। डा. हेडगेवार से बातचीत भी चल रही थी। उस बातचीत के दौरान श्री गुरूजी को डा हेडगेवार के विचार मंतव्य सार्थक, तर्कसंगत तथा सारगर्भित लगे। फिर क्या था? आध्यात्मिक अधिष्ठान को सुरक्षित रखते हुए मातृभूमि को समूचे विश्व में गौरवशाली बनाने का उन्होंने दृढ़ संकल्प कर लिया। उन्होंने सोचा ऐसा कार्य राष्ट्रीय स्वयंसेवक संघ को अंगीकृत करके सरलता से किया जा सकता है। अब आध्यात्मिकता और राष्ट्रीयता एक समान प्रतीत होने लगी। संघ कार्य के प्रति स्वयं को समर्पित कर दिया। पहले उन्हें सरकार्यवाह का दायित्व मिला। बाद में डा. साहब ने उन्हें सरसंघचालक के दायित्व के लिए नामित कर दिया। डा. हेडगेवार जी की मृत्यु के बाद उनके चाचा श्री आवा जी हेडगेवार ने भावपूर्ण पर प्रेरक भाषण में कहा कि हमारे डा. जी हमें छोड़कर नहीं गये हैं, उन्हें हम माधवराव गोलवलकर के रूप में आज भी देख रहे हैं।

सरसंघचालक का दायित्व संभालने के बाद श्री गुरू जी ने संघ कार्य का न केवल विस्तार किया अपितु संगठन की दृढ़ता का काम

भी प्रारंभ कर दिया। इधर विदेशी शासन की कुटिल दृष्टि संघ कार्य पर पड़ने लगी। श्री गुरू जी की पैनी बुद्धि ने संघ का बाहरी कलेवर बदल दिया। संघ का कार्य निर्बाध गति से चलता रहा। सरकार कुछ भी नहीं कर पाई। श्री गुरू जी की प्रेरणा, मार्गदर्शन एवं कुशल नेतृत्व में हजारों कार्यकर्ताओं के अथक परिश्रम से देश के कोने–कोने में संघ की अनेक शाखायें फलने–फूलने लगीं। अधिक मात्रा में तरुणों का संघ कार्य की ओर आकर्षित होना एक सुखद घटना थी। आजीवन पूर्णकालिक प्रचारकों का एक समूह राष्ट्र सेवा के लिए खड़ा हो गया। इन स्वयंसेवकों ने अपना सम्पूर्ण जीवन संघ (राष्ट्र) के लिए समर्पित कर दिया।

जब श्री गुरू जी ने संघ की बागडोर संभाली थी तब देश की स्थिति नाजुक बनी हुई थी। सर्वत्र स्वराज्य की चर्चा चल रही थी। संघ जैसे संगठन की प्रासंगिकता पर अनेक शंकायें तथा जिज्ञासायें उठायी जा रही थीं। श्री गुरू जी शांति से और सुसंगत ढंग से समझाते थे कि किस प्रकार एक सुसंगठित समाज ही स्वराज्य को सुरक्षित रखकर उसके फलों का आस्वादन कर सकता है। उन्होंने यह भी समझाया कि राष्ट्रीयता की सही अवधारणा क्या है तथा स्वराज्य के लिये यह शुद्ध दर्शन ही प्रेरक बन सकता है। देशव्यापी दंगों और हिन्दुओं के ग्राम, सम्पत्ति एवं मान बिन्दुओं पर आक्रमण की भयावह परिस्थिति में श्री गुरू जी वीरोचित मुद्रा में दृष्टिगोचर हुए। उन्होंने अविराम पूरे देश की यात्रा की और जनता के मनोबल को दुर्दम्य बनाया तथा त्याग और बलिदान की चेतना जगाई। उनके आह्वान का स्वयंसेवकों ने जिस प्रकार प्रतिसाद दिया और नाटकीय इस्लामिक उन्माद से हिन्दू भाइयों और बहनों के प्राण व सम्मान की रक्षा की, इसकी रोमांचक गाथा श्री गुरू जी के प्रेरणादायक नेतृत्व की उज्जवल साक्षी है।

श्री गुरू जी के फौलादी नेतृत्व की परीक्षा एक बार फिर हुई जब केन्द्र की कांग्रेस सरकार ने तुच्छ दलीय उद्देश्यों से महात्मा गांधी

की हत्या का फायदा उठाकर सन् १९४८ में संघ पर प्रतिबंध लगा दिया। अत्यंत भड़काऊ और विद्वेषपूर्ण प्रचार किया। श्री गुरू जी की गिरफ्तारी के विरुद्ध संघ बड़ी निर्भीकता से उठ खड़ा हुआ और सत्याग्रह के उन्मेष की बेला में सम्पूर्ण देश में स्वयंसेवकों की गिरफ्तारियों और यातनाओं ने राष्ट्र के अंतःकरण को झकझोर दिया। फलतः सरकार को प्रतिबंध उठाना पड़ा।

श्री गुरू जी की बौद्धिक एवं मानसिक क्षमता के बारे में अपने वरिष्ठ सहयोगियों से परामर्श करने के बाद सन् १९४० में डा. साहब ने अपने निधन के बाद सरसंघचालक जैसा दायित्व सौंपने का निश्चय प्रकट कर दिया था जो विपत्ति काल में सहायक बना। किन्तु इस विजय के पश्चात स्वयं स्फूर्त प्रचण्ड जन स्वागत के बाद भी श्री गुरू जी ने अपना संयम बनाये रखा और स्वयंसेवकों से आग्रह किया कि वे भावावेश में आकर विरोध एवं विद्वेष के शिकार न हों तथा नवार्जित स्वातंत्र्य को सुदृढ़ करने में राष्ट्र के कर्णधारों का सहयोग करें।

श्री गुरू जी विरोधों की जरा भी परवाह न करते हुए निर्भयता से अपने अति प्राचीन सांस्कृतिक राष्ट्रवाद का विचार जनता के बीच प्रस्तुत करते रहे। श्री गुरू जी ने केवल कहा ही नहीं बल्कि विशुद्ध राष्ट्रनिष्ठा रखने वाले सहस्त्रों व्यक्ति खड़े किए। यही उनकी विशेषता थी। श्री गुरू जी सिद्धातों के मामले में अत्यंत आग्रही थे। आत्मविस्मृति अथवा आत्मवंचना की ओर ले जाने वाला अथवा राष्ट्र की प्रतिष्ठा को ठेस पहुंचाने वाला कोई समझौता उन्हें कभी स्वीकार नहीं हुआ। ऐसे व्यक्तित्व के प्रति जिज्ञासा पैदा हो यह स्वाभाविक ही है।

इस समय भी श्री गुरू जी ने कभी कोई क्षोभ व्यक्त नहीं किया, न कोई आन्दोलन या विरोध करने का निर्देश दिया। वरन् स्वयंसेवकों को धर्म एवं साहसपूर्वक इस संकट का सामना करने का निर्देश दिया। फलस्वरुप अजातशत्रुता तथा अमृतमय भावना का आचरण अकेले श्री गुरू जी का ही नहीं बल्कि देश भर में खड़े सूत्रबद्ध संगठन का भी था।

पू॰ डाक्टर साहब ने संघ को आधारशिला प्रदान की थी। उस पर भव्य प्रसाद का निर्माण श्री गुरू जी ने किया। वे संघ प्रसाद के अनन्य शिल्पी थे। संकट उन्हें विचलित न कर सके। किसी समय उनका स्वास्थ्य उत्तम था। वे मल्ल खंभ के शौकीन भी थे। उत्तम संगीतज्ञ और श्रेष्ठ वंशीवादक भी थे। किन्तु संघ कार्य का दायित्व लेकर स्वास्थ्य की चिंता तो क्या अपनी शारीरिक पीड़ाओं के संबंध में भी कभी कोई उल्लेख तक नहीं किया। १९७०–७३ तक कैंसर रोग से ग्रसित शरीर और अखण्ड संघ कार्य इसका प्रमाण है। बीमार स्वयंसेवकों को प्रवास के मध्य उनके घर देखने जाते थे।

शारीरिक रोग एवं कष्टों से ऊपर उठकर वे संघ कार्य के लिए ही जिए, संघ कार्य ही श्री गुरू जी का सुख था। रांघ कार्य ही उनकी दवा थी और संघ कार्य ही उनके जीवन का उल्लास था। क्योंकि वे संघ कार्य में राष्ट्र और समाज के जीवन का क्षेम ही नहीं, संगठित हिन्दू समाज के जागृत चैतन्य में विश्व कल्याण को स्पष्ट देख रहे थे। इसीलिए संघ कार्य ही उनका श्रेय और प्रेम था।

जीवन और जीवन कार्य में इतना तादात्म्य। क्या कोई कल्पना कर सकता था? उन्हें जब लगा कि अब इस शरीर से संघ कार्य अर्थात राष्ट्र कार्य नही हो सकता तो दैवेच्छा मानकर शरीर त्याग दिया। जीवन के अंतिम दिन तक संघ प्रार्थना होती रही। जिन गुरू जी का जीवन कार्य और जीवन अपनी एकरुपता में हम सबके लिए प्रेरणा का आश्रय स्त्रोत है तथा जिनका जीवन लाखों के लिए आखों देखा होने के कारण हृदयों में अंकित है और जो राष्ट्र के लिए जीवन जीने वाले मानव के चरम उत्कर्ष का रूप है उस महामानव की जीवन रश्मियों के ताप को राष्ट्र सेवा के कठिन मार्ग पर चलने वाले वीर प्राणी और संकल्पवान कुछ अनुभव करें। राष्ट्र धर्म का विचार मनसा, वाचा, कर्मणा करें तो जीवन सार्थक हो जायेगा।

अब हिन्दू राष्ट्र के नवोत्थान की संकल्पना को मूर्त रूप देने में संघ की नवीन भूमिका स्पष्ट शब्दों में निरूपित करने का कठिन कार्य सामने आया। राष्ट्रीय पुनर्निर्माण के प्रत्येक क्षेत्र में कार्यरत अनेक संगठनों का निर्माण हुआ।

श्री गुरू जी आजीवन अपनी संस्कृति के आदर्शों की आधारशिला पर राष्ट्र को बलशाली, गुण सम्पन्न तथा परम वैभवशाली बनाने के लिए संघर्षशील रहे, साथ ही दीन–दुखियों के दुःख दूर करने तथा राष्ट्र प्रेम के लिए देशवासियों को प्रवृत्त करते रहे। यही कारण था कि श्री गुरूजी ने अपने निजी आत्म कल्याण को गौण कर राष्ट्र सेवा के कार्य में अपना सब कुछ सौंप दिया। ''राष्ट्राय स्वाहा।''

श्री गुरू जी का विराट व्यक्तित्व इतना विशाल और सर्वव्यापी था कि उसका समावेश उनके ग्रंथों में भी असंभव ही है। उस महामानव की प्रेरणा हमें अपने कर्त्तव्य पथ का स्मरण, कार्य का बोध तथा राष्ट्र धर्म का दर्शन करा सके। उनसे प्रेरणा लेकर संघ कार्य में दर्शन करके अपने को धन्य मानने वाले तथा स्फूर्तिदायक उद्‌बोधन सुनकर मातृभूमि हिन्दूराष्ट्र का सम्यक दर्शन एवं अनुभूति करने वाले हजारों लाखों और करोड़ों बांधव, मातायें, स्वदेश और विदेश में आज भी हैं। आज भी ऐसे हजारों स्वयंसेवक हैं जिन्होंने देश के विभाजन तथा संघ पर प्रतिबंध के समय श्री गुरूजी की असीम क्षमावृत्ति और कर्म शक्ति का अनुभव किया है।

जो समाज अपने को निरीह, असहाय समझ बैठा था उनके लिए श्री गुरू जी ने संघ के हजारों स्वयंसेवकों को ढाल के रुप में प्रस्तुत कर सभी में सुरक्षा और आत्मगौरव का भाव भर दिया। निष्प्राण भारतीयों को अनुप्राणित करने का कार्य सम्पन्न होने लगा। मुस्लिम लीग के उकसाने के कारण विभाजन के समय राष्ट्र प्रेमी हिन्दू–मुसलमानों पर जो अत्याचार ढाया गया उसमें मात्र सहारा, संघ के स्वयंसेवक ही थे।

जिस काम को वे भारतीयता के अनुरुप समझते, जिसमें वे हिन्दू समाज की उन्नति देखते उसे कोई भी क्यों न कहे? उसमें मनसा, वाचा, कर्मणा, सहयोग देते और स्वयं अपने को उससे दूर रखते। श्रेय दूसरों को देते, स्वयं श्रेय लेने की बात उन्होंने कभी सोची ही नहीं। जो श्रेय प्राप्त करने के पीछे ही पागल हुए फिरते हैं, उन्हें श्रेय प्राप्त नहीं होता और जो श्रेय को लात मारकर उसे पीछे ढकेल देते हैं, श्रेय छाया की तरह उनके पीछे–पीछे फिरता है। एक बार जिसे वे अपना लेते जीवन भर उसको निभाते थे। *"अंगीकृत सुकृतिनः परिपालयन्ति"* का वे जीते जागते ज्वलंत उदाहरण थे।

प्रत्येक देश का समाज और उसकी गुणवत्ता ही राष्ट्रीय गौरव का आधार माने जाते हैं। केवल शासन सत्ता में परिवर्तन से यह गुणवत्ता निर्माण नहीं होती है। सातत्य से चरित्र निर्माण करने वाले गुणों का संस्कार कराने वाली व्यवस्था का होना अत्यावश्यक है। यह विचार श्री गुरू जी आग्रहपूर्वक रखते थे।

भारत के सर्वसाधारण समाज तथा प्रबुद्ध वर्ग से समान रुप से निकट संपर्क होने के कारण श्री गुरू जी राष्ट्र की धड़कन से सदैव परिचित रहते थे। इस कारण कई बार आने वाली घटनाओं का उनको पूर्वाभास हो जाता था, जिसकी शासकों, समाज तथा लोगों को चेतावनी भी देते रहते थे। आज हम यह देख सकते हैं कि उनकी प्रत्येक चेतावनी, भविष्यवाणी सिद्ध हुई तथा उनकी अवहेलना के कैसे परिणाम निकले हैं। श्री गुरू जी की प्रथम चिंता का विषय रहा हमेशा यही कि हिन्दू समाज में आंतरिक विघटन एवं विभेद समाप्त हों।

विपुल पठन पाठन, अध्ययन, गहन–चिंतन, आध्यात्मिक साधना व गुरू कृपा, मातृभूमि के प्रति निस्वार्थ समर्पणशीलता, समाज के प्रति असीम आत्मीयता, व्यक्तियों को जोड़ने की अनुपम कुशलता आदि गुणों के कारण उन्होंने सर्वत्र संगठन को तो मजबूत बनाया ही, साथ ही हर क्षेत्र में देश का परिपक्व वैचारिक मार्गदर्शन भी किया। भारत

का राष्ट्र स्वरुप, उसका सुनिश्चित जीवन कार्य और आधुनिक काल में उसके पुनरुत्थान की वास्तविक दिशा के संबंध में उनके ठोस व तथ्यपरक विचार तो इस देश के लिए महान विचार धन ही सिद्ध हुए हैं।

इस प्रकार उनका जीवन अलौकिक एवं ऋषितुल्य था। आध्यात्मिक दृष्टि से महान योगी किन्तु समष्टि रूप में भगवान की पावन अर्चना के लिए जन सामान्य के बीच रहकर उनके हितों की चिंता करने वाला यह महापुरुष एकांतप्रिय तथा मुक्त होने पर भी अपने दायित्व व कर्त्तव्य बोध से राष्ट्र और समाज जीवन में अत्यंत सक्रियता का परिचय देने वाला, विलक्षण प्रतिभा का धनी था। राष्ट्र जीवन के अंगोपांग की आदर्शवादी स्थिति की टोह लेने वाला वह व्यक्तित्व था। संघ के विशुद्ध विचारों से राष्ट्र जीवन के अंगोपांगों को अभिभूत किये बिना सशक्त, आत्मविश्वास से परिपूर्ण और सुनिश्चित जीवन कार्य पूरा करने के लिए सक्षम भारत का खड़ा होना असंभव है। इस जिद और लगन से उन्होंने अनेक कार्यक्षेत्रों को प्रेरित किया। अपितु स्वयं को किसी भी आसक्ति अथवा ईषणा का कभी कोई स्पर्श तक नहीं होने दिया इसीलिए श्री गुरू जी के वैचारिक मार्गदर्शन की राष्ट्र जीवन पर एक व्यापक और अमिट छाप पड़ी है। राष्ट्रीय विचार, जीवन दृष्टि और जीवन निष्ठा का कल्याणकारी वरदान जिन लोगों ने ग्रहण किया ऐसे सहस्राब्दि लोग आज कार्यरत हैं।

श्री गुरू जी ने ३३ वर्षों के (१९४०–७३) लम्बे समय तक संगठन में मार्गदर्शक और दार्शनिक की भूमिका निभाई। अनवरत एवं अथक प्रयास करते हुए वे प्रत्येक प्रांत का वर्ष में दो–बार भ्रमण करते थे। इस प्रकार कम से कम साठ बार उन्होंने पूरे भारत का भ्रमण किया जो संभवतया आज भी अपने आप में एक अद्वितीय कीर्तिमान है। श्री गुरू जी ने सम्पूर्ण देश में कार्य के विस्तार को तीव्र और ऊर्जावान गति प्रदान की। जब उन्होंने संघ द्वारा संचालित हिन्दू पुनरुत्थान

अभियान के कर्णधार के नाते बागडोर संभाली तब हिन्दू राष्ट्र की संकल्पना केवल एक कोरा चिंतन मात्र थी परन्तु अपनी असीम प्रतिभा के बल पर उन्होंने हिन्दू राष्ट्र की ऐतिहासिक सामाजिक पृष्ठभूमि की शुद्ध अवधारणा अकाट्य रूप में प्रस्तुत की। इस प्रकार उन्होंने संघ के वैचारिक आधार को सामान्य ग्रामीण से लेकर नगरीय जन के समझ के अनुकूल बनाया। अपनी वाणी और कृति से उन्होंने शाखा पद्धति को बारीकी से परिपूर्ण बनाया जिससे वह उचित संस्कारों से युक्त व्यक्ति निर्माण का आदर्श साधन बन सकी। १९४० से पूर्व पूर्णकालिक प्रचारकों की परंपरा कम थी। उसे तेजी से बढ़ाकर पूरे देश में शाखाओं के व्यवस्थित विस्तार के लिए एक सशक्त अंग के रुप में स्थापित करने का भी श्रेय श्री गुरू जी को है।

उनमें मिथ्याभिमान का लेश मात्र भी नहीं था। हमारे ही यहां के साधक विद्यार्थी जब साधु–संन्यासी का वेश बना लेते हैं या किसी महन्त या जगद्गुरु के पद पर प्रतिष्ठित हो जाते हैं तो एकांत में तो साष्टांग प्रणाम करते हैं किन्तु जब अपने शिष्य भक्तों के बीच में मिलते हैं तो उन्हें प्रणाम करने में भी लज्जा का अनुभव होता है। ऐसा बर्ताव करते हैं मानो हम उनसे परिचित ही नहीं हैं। उनका इसमें कोई दोष नहीं, यह जैव धर्म है। मनुष्य में अपने अनुयायियों के सन्मुख अपने को सर्वश्रेष्ठ सिद्ध करने की स्वाभाविक प्रवृत्ति होती है किन्तु श्री गुरू जी में यह बात नहीं थी।

श्री गुरू जी जैसी दिव्य विभूतियां युगों बाद अवतरित होती हैं। उनके जीवन का एक–एक क्षण हिन्दुत्व तथा राष्ट्र के लिए समर्पित था। वे दूरदर्शी महापुरुष थे। इसी लिए पचास वर्ष पूर्व ही उन्होंने चेतावनी दे डाली थी कि मुस्लिम तुष्टिकरण की घातक नीति भारत के लिए विकट समस्या पैदा करेगी। भविष्य में इस्लामी आंतकवाद पूरे संसार के लिए सिर दर्द पैदा करने वाला सिद्ध होगा। आज उनकी भविष्यवाणी सत्य हो कर सामने आ रही है।

श्री गुरूजी का जीवन अध्यात्म का पुट लिए राष्ट्र के लिए समर्पित तो था ही बहुव्यक्तित्व का धनी भी था। जीवन के जिन अनेक आयामों को उनका संस्पर्श मिला उनमें चार चांद लग गये। चाहे अध्ययन–अध्यापन हो, चाहे क्रीड़ा हो, वंशी वादन हो या राष्ट्र की सेवा। राष्ट्रीय आपदाओं में भी वे तन–मन, धन अर्पित कर सेवा करते थे। परन्तु श्री गुरू जी के संदर्भ में यह कहने में किंचित संकोच नहीं है कि वे सभी में निष्णात थे अल्पज्ञ किसी में नहीं।

इस प्रकार हिन्दू राष्ट्र के नवोत्थान के आदर्श के प्रति असंदिग्ध प्रतिबद्धता होने के कारण उन्होंने एक महान ध्येय से अनुप्राणित, अनुशासित विशाल संगठन खड़ा करने में सफलता पाई। अपनी मृत्यु से पूर्व श्री बाला साहब देवरस के सुयोग्य हाथों में अपना उत्तराधिकार सौंप ५ जून १९७३ को सदा–सदा के लिए पंचतत्व में विलीन हो गये और अपने पीछे छोड़ गये, संघ की सतत विकासोन्मुखी प्रेरणादायी परंपरा। संक्षेप में उनका गतिशील कर्त्तव्य उनके आशा व विश्वास से युक्त अंतिम संदेश में मूर्तिमंत हो उठा। उनके शब्द थे *"सर्वदूर विजय ही विजय है।"*

आज श्री गुरू जी हमारे बीच नहीं है, मगर उनका व्यक्तित्व, उनके विचार, उनका कर्त्तव्य केवल हमारे लिए ही नहीं, आगे की पीढ़ियों के लिए भी मार्गदर्शन करता रहेगा। आज दुनिया अंधेरे में भटक रही है। अणुबम के मुहाने पर बैठी है। अन्तर्राष्ट्रीय तनाव में वृद्धि हो रही है। शस्त्रों के अम्बार लग रहे हैं। जहां समृद्धि है वहां शांति नहीं है और जहां शांति है वहां मरघट की शांति है। जीवन की शांति है। इस समय कौन सी विचारधारा मानवता का मार्गदर्शन कर सकती है, कौन से आदर्श एक ऐसे विश्व की रचना कर सकते हैं जिसमें विषमता न हो, जिसमें भय न हो, जिसमें विभाजन की विभीषिका भी न हो, मगर जिसमें जीवन सुखी हो, शांति से सम्पन्न हो, व्यक्ति नर से नारायण बनने के रास्ते पर बढ़ सके। नर को नारायण

बनाने की संस्कृति हमें उत्तराधिकार में मिली है। श्री गुरूजी जैसे मनीषी इस संस्कृति ने उत्पन्न किये हैं।

भारत की भूमि हमेशा से ऐसे मनीषियों को, चितंको को, विचारकों को जन्म देती रही है जिन्होंने देश काल की सीमा के परे किन्तु देश और काल का विचार करते हुए ऐसे शाश्वत सत्यों के प्रतिपादन पर जोर दिया जिनकी प्रासंगिकता, जिनकी उपयोगिता, जिनकी आवश्यकता समय बीतने के साथ कम नहीं होती। देश और पात्र के परिवर्तन के कारण जिनके ऊपर कोई प्रश्न चिन्ह नहीं लगा सकता, श्री गुरूजी का जीवन ऐसे त्याग का, तप का, ओजस्विता का था।

''इतिहास साक्षी है कि गत १००० (हजार) वर्षों के राष्ट्रीय संघर्षों में ये तथाकथित अस्पृश्य ही अग्रणी रहे हैं। महाराणा प्रताप, गुरू गोविन्द सिंह, छत्रपति शिवाजी आदि की सेनाओं में सर्वाधिक पराक्रमी योद्धाओं में यही लोग रहे हैं और महत्वपूर्ण युद्ध में हमारे शूरवीर और साहसी बंधुओं ने मानव आपूर्ति और नेतृत्व प्रदान किया।

आध्यात्मिक जगत में अपने इन बंधुओं का योगदान भी अतीव श्रेष्ठ है। उत्तर में रैदास, महाराष्ट्र में चोखामेला, इतना ही नहीं रामायण के महर्षि बाल्मिकी और महाभारत के रचयिता महर्षि वेदव्यास भी उच्च जाति के नहीं थे। ऐसे श्रेष्ठ महापुरुष निर्माण करने वाली इन जातियों की अवहेलना, अपमान, तिरस्कार करना महापाप है।''

हमारे यहां मनीषियों की जो परंपरा रही है उसमें हमेशा इस बात पर बल दिया गया है कि हम जीवन के चरम सत्य को पहचानें। यह सत्य भारतीय संस्कृति की अपनी साधना का प्रतिफल कहा जा सकता है। हम ''वसुधैव कुटुम्बकम'' की बातें करते हैं। लोकतंत्र का उद्घोष होता है–सारी मानव जाति एक है। चिंतन के धरातल पर इस पर भी बल दिया जाता है। स्वतंत्रता, समता, भाईचारा विश्व में क्रांतियों के नारे रहे हैं। शोषणविहीन समाज की रचना का दावा करने वाले

अपने–अपने विचार का प्रचार करने में जुटे हैं लेकिन श्री गुरू जी बार–बार इस बात पर बल देते थे कि समता का आधार केवल भौतिक नहीं होता। थोड़ा अंतर होता है या हो सकता है। शरीर की शक्ति अलग–अलग है। बुद्धि में अंतर दिखाई देता है। योग्यता, क्षमता व्यक्ति–व्यक्ति के बीच में एक विभाजन रेखा खींचती है। अगर ''वसुधैव कुटुम्बकम'' का कोई आधार हो सकता है तो वह आधार एक ही है कि केवल मनुष्य मात्र में नहीं तो प्राणी मात्र में एक ही तत्व है और तत्व का साक्षात्कार, उसकी अनुभूति, उसकी पहचान, इसी के आधार पर हम ''वसुधैव कुटुम्बकम'' की उद्घोषणा कर सकते हैं। इसी पवित्र दृष्टि से श्री गुरू जी आजीवन कार्य में रत रहे।

जाति प्रथा की सबसे भयानक उपज अस्पृश्यता की रुढ़ि है। हिन्दू धर्म तत्व ज्ञान सभी जीवों में एक ही चैतन्य, आत्मतत्व देखने को कहती है। सभी मानवों में ईश्वर का निवास देखने को कहता है। इतना श्रेष्ठ तत्व ज्ञान रहते हुए भी अपने ही समाज के अंग रहे करोड़ों बंधुओं को अस्पृश्य माना गया। उनको गांव के बाहर रखा गया, उनका स्पर्श तथा छाया भी अपवित्र मानी गयी, ऊपर सामाजिक दासता थोपी गयी। अछूत बंधु की अवस्था जानवर से भी निकृष्टतम की गई, बुरी बात यह रही कि अस्पृश्यता को ही धर्म माना गया। अस्पृश्यता की रुढ़ी से श्री गुरू जी सदा दुखी रहा करते थे। इस कुप्रथा को अपने समाज में से जड़ से निकालकर कैसे फेंके इसकी चिंता उनके अंतः करण में सदैव रहा करती थी। उन्होंने अस्पृश्यता को तीन खेमों में बांटा– १. सवर्ण समाज, २. अस्पृश्यता का शिकार समाज, ३. धर्माचार्यों का वर्ग, जो इस रुढ़ि को धार्मिक मान्यता प्रदान करता है। श्री गुरू जी ने इन तीनों मोर्चों पर समरसता लाने का प्रयास किया। श्री गुरू जी कहा करते थे कि ''सवर्णों के मन के क्षुद्र भाव का नाम अस्पृश्यता है।'' दूसरे शब्दों में– ''अस्पृश्यता एक मानसिक विकृति है। मानसिक सुधार संस्कारों द्वारा ही संभव है। संस्कार एकात्मता का, एकरसता का, मातृभाव का, सेवाभाव का

निरन्तर करना चाहिए और संघ आज इस में अद्वितीय यश प्राप्त कर चुका है।

संसार में जिन्होंने जन्म लिया है उसे एक न एक दिन मरना अवश्य पड़ेगा। उत्पन्न होने वाले की मृत्यु अनिवार्य है किन्तु जिनका समस्त जीवन समर्पित है अर्थात जो अपने स्वार्थ के निमित्त कुछ भी नहीं करते, जिनका संपूर्ण समय परमार्थ के कार्यों में ही व्यतीत होता है, जो आठों पहर, चौंसठ घड़ी, परोपकार ही सोचते रहते हैं, जिनका चलना–फिरना, उठना–बैठना, खाना–पीना, बोलना, भाषण करना, पढ़ना–लिखना सब परमार्थ के लिए, दूसरों के उपकार के लिए ही होता है, ऐसे सत्पुरुष संसार में विरले ही होते हैं। वे अपने कर्मों के भोगों के निमित्त अवनि पर अवतरित नहीं होते, वे तो कारक पुरुष होते हैं, भगवान की विशेष विभूति होते हैं, परमात्मा की ओर से विशेष कार्य के लिए भेजे जाते हैं। उनका निजी कोई स्वार्थ नहीं होता। वे सूर्य, चंद्र, सुमेरु, हिमालय, गंगा–यमुना के सदृश सबके होते हैं। सदा सर्वदा वे सभी की सेवा में संलग्न रहते हैं जितने समय के लिए उन्हें भेजा जाता है उतने समय तक वे निरंतर पुरुषार्थ में लगे रहते हैं। जब उनका समय पूरा हो जाता है वे अज्ञात पथिक की भांति चुपचाप उठकर चले जाते हैं। न तो उन्हें अपने कर्त्तव्य कर्मों के प्रति ममता होती है और न अपने कर्त्तव्य का अभिमान होता है। वे अहंता, ममता से शून्य निर्लिप्त भाव से जगत में आते हैं। उनके या तो कोई सगे संबंधी होते ही नहीं हैं या फिर सभी उनके संगे संबंधी होते हैं। वे "वसुधैव कुटुम्बकम" के उपासक होते हैं। ऐसे परोपकारी पुरुष नर नहीं नारायण के ही स्वरुप होते हैं। हमारे श्री गुरू जी ऐसे ही महापुरुषों में से थे।

श्री गुरूजी का जीवन विरागी किन्तु कर्त्तव्य प्रवण था। ऐसे राष्ट्र समर्पित महान कर्मयोगी के जीवन के बारे में जिज्ञासुओं का समाधान करने तथा राष्ट्र की नई पीढ़ी को व्यक्तिगत तथा समाज जीवन के हर

क्षेत्र में चितंन के प्रेरणास्त्रोत के रुप में विद्यमान एक महान आदर्श जीवन का परिचय कराने के उद्‌देश्य से ही यह एक प्रयास है, जिसके फलस्वरूप समाज समरस बनेगा तभी स्वस्थ, स्वावलम्बी, सक्षम, सामर्थ्यवान, सबल पीढ़ी के निर्माण के लिए भगीरथ द्वारा पूर्वजों की मुक्ति के लिए गंगा का अवतरण संभव होगा।

सिंहावलोकन

अभिनव ममता की गोद, आँचल की शीतल छांव, समान भाव से पालन पोषण करने वाली अन्तःकरण की निस्सीम भक्ति, समान दृष्टि रखने वाली अनुभूति, अंत में समेटे अजस्र ऊर्जा के स्रोत, जलभण्डार, वनौषधियां, रत्न भण्डार, ऋषि–मुनियों की आश्रयस्थली आदि अनेकों विशेषताओं के धनी देव–स्वरूप हिमगिरी की करुणा, ममता के अश्रुरूपी समरसता की कृशकाय धार को भगीरथ रूपी अनगिनत त्यागी, तपस्वियों, साधकों की अनथक साधना द्वारा भूतल पर लाकर कोटिक जनों के मनों, हृदयों के मलिन कलुष को धोकर निर्मल करने का प्रयास जो अनवरत आज तक गतिमान है। उसे ही समाज जीवन की भावी पाढ़ियों के मार्गदर्शनार्थ सामने लाकर प्रस्थापित करने का प्रयास है और स्वयं को भी ऐसे प्रयासों के तट पर स्वतः ही जाकर अपनी मुक्ति का उद्यम करने और अपने जीवन का साफल्य ढूढ़ने का प्रयास करना चाहिए।

जब–जब ऐसे प्रयासों की आवश्यकता अनुभव की गई तब–तब कोई न कोई सन्त रूप में भगीरथ बनकर सामने आया था। समाज सेवक के रूप में भगीरथ बनकर अनुष्ठान प्रारंभ किया, परन्तु सभी की चाहे वे सन्त रहे हों, समाज के सेवक रहे हों आखिर सभी ने अपने–अपने कर्तव्यों की पूति में अपने जीवन का सर्वस्व होमकर यज्ञानुष्ठान पूर्ण करने का उद्यम किया और उसी में अपने जीवन की सार्थकता अनुभव की, ऐसी लम्बी श्रृखला है परन्तु कतिपय साधकों का

ही उल्लेख कर पाना मुझ अकिंचन द्वारा संभव हो सका है। कुछ ऐसे ही साधकों का जीवन जो मानवता के लिए तिल–तिल जलकर, निराशारूपी अंधेरा हरकर, मुक्ति दिलाने की प्रेरणा देता है और अपने कृतित्व द्वारा मानो बीच भंवर में फँसी नाव को बड़ी कुशलता से पारकर किनारे लाकर प्रस्थापित करता है और आनन्द, प्रेम, भाई–चारा, आत्मीयता तथा परिवार भाव की पुनर्प्रतिष्ठा करता है। परन्तु चलते राह अपनों की उपेक्षाओं, उपहासों, विरोधों का सामना करते हुए किंचित भी मन में प्रशंसा की चाह न रखते हुए, दुःखों की निवृत्ति के लिए, अन्तःकरण की अनुभूति के लिए, नंगे पांव कांटों पर चलते–चलते भावी पीढ़ियों के लिए फूलों की सी पगडन्डी बनाकर और स्वयं भी हिमखण्ड से बूंद–बूंद गल गये। समा गये उन ह्दयों में जिनके श्रोत वर्षों से सूखे पड़ गए थे। भर दिए अमृत के वे कुण्ड जो मुँह फैलाए चातक की तरह स्वाति बूंद की अपलक राह हेर रहे थे। भर दिए उन हरे घावों को अपनी ममता, समतारूपी औषधि से, मुरझायी बगिया पुनः खिलखिला उठी और झूम उठे वे मानों सावन की फुहार में, चतुर्दिक मल्हारिक गीतों की ध्वनियां गूंजने लगीं और प्रफुल्लित हो उठी पुनः राख की ढेरी, स्वर्णिम प्रभा बनकर, राह मिल गई भटके पथिकों को पथ मिल गया। खुले गगन में लम्बी अवधि पश्चात् पुनः मानवता ने सुख–शांति की सांस ली।

जीवन आता है और चला जाता है। यह आने–जाने की अनोखी कहानी है कुछ लोग आते हैं आने के लिए और कुछ लोग आते हैं जाने के लिए। जो जाने के लिए ही आते हैं उनके पांव के चिन्ह कहीं भी शेष नहीं रहते। वे तो मात्र पानी के बुलबुले की तरह दिखते हैं और सदा के लिए मिट जाते हैं ऐसा जीवन किस काम का जो दूसरों के मन को क्षण भर भी सुख न दे सके। उनका जीवन व्यर्थ हो जाता है। उनके पीछे कोई रोने वाला भी शेष नहीं रहता। वे अकेले आते हैं और अकेले ही संसार से चले जाते हैं लेकिन जो आने के लिए आते हैं वे आते ही दूसरों के लिए हैं वे जीवन भर दूसरों के लिए जीते हैं स्वयं

कष्ट उठाकर दूसरों को सुख देकर सुखानुभूति करते हैं उनकी हर श्वांस परमार्थ में ही लगती है, उनका हर पग परमार्थ के लिए ही बढ़ता है। वे जो भी करते, सोचते, सुनते, देखते, चलते, उठते–बैठते, सोते–जागते, उनका सब कुछ परमार्थ में ही होता है। उनके पीछे कोटिकजन अंधे होकर चलते, अनुसरण करते, अनुकरण करते हैं और उनके कहे हर शब्दों को आचरण में लाने का प्रयास करते हैं। साथ ही उनके बताये मार्ग का आजीवन अनुपालन करते हैं। जब संसार छोड़कर चले जाते हैं तो उनके पीछे रोने वालों की लम्बी कतार खड़ी हो जाती है। उनका जीवन सभी के लिए अंधेरा हरने वाले दीपक की तरह तेजपुंज हो जाता है।

जो स्वयं अपने लिए नहीं जिया, औरों के लिए ही जीने में सुख का अनुभव किया, ऐसे साधकों का समाज सदा–सदा के लिए चिर ऋणी हो जाता है। उनका भक्त हो जाता है। अर्थात् अनुयायी हो जाता है। अंततः उनके मार्ग का सच्चा राही बन जाता है और उसी प्रकार अपने जीवन को भी उसी मार्ग का एक मूक राही बनाकर सम्पूर्ण समर्पण के साथ जिसमें से आया उसी में सदा–सदा के लिए तिरोहित कर देता है।

''पूर्णमदः पूर्णमिदं पूर्णात् पूर्णमुदच्यते।
पूर्णस्य पूर्णमादाय पूर्णमेवावशिष्यते।।''

बस छोड़ जाता है तो उसी परंपरा की पथ प्रशस्त करने वाली एक राख की ढेरी, जो हर राही को दिशा दर्शन कराती, गंतव्य पर चलने की अनवरत प्रेरणा एवं संदेश देती है और प्रतिफल में निरामूक ही रहती है। धन्य हैं ऐसे साधक जिनके स्मरण मात्र से ही जीवन सफल एवं सार्थक हो जाता है।

चलो लगाएँ गले उन्हें, जो अब तक थे अनदेखे।।
दलदल में फँसे, निकालें, जो हमने गहरे फेंके।।

अपने हाथों से अपनों का, गला एक दिन घोंटा।
मुख मण्डल की हँसी छीन कर, खड़ा बीच परकोटा।।

भीख मांगते खड़े देख, पाषाण ह्रदय न पसीजा।
लाचार, विवश, दीन दशा पर, मन ही मन था रीझा।।

बंद कर दिए द्वार सभी, जड़ से एकदम था काटा।
भंग किए नाते–रिश्ते सब, था सदा–सदा को बांटा।।

राह देखते पथराई आँखें, अंत आश खोई।
भूल गए सब पीछे की, पर खड़ी–खड़ी माँ रोई।।

अपनी भूलों के कारण, अपने बन गए पराए।
देखो शत्रु खड़े सामने, अब पीछे क्या पछताए।।

भेद की तोड़ दीवारें, भ्रम के उर–दीप जलाओ।
जग''राम–चरण'' आँसू से धो, बंधु को गले लगाओ।।